産業教育学

―産業界と教育界の架け橋―

三好信浩 著

風間書房

まえがき

私は、大学院を終えて茨城大学に就職した折、学位論文である『イギリス公教育の歴史的構造』（亜紀書房、一九六八年）を公刊して、産業革命期の貧困児童、児童労働者に対して、国家が救貧法と工場法を適用する中でイギリス公教育が成立したという論を展開した。教育は、産業社会の変化に深く関係するという着想はこのとき生まれた。

その後、大阪市立大学を経て広島大学に転勤した際に、大学の都合によって日本教育史を担当することになり、このとき最初に出会ったのが、明治のはじめにイギリスから来日して日本のエンジニア教育を創始したヘンリー・ダイアーであった。この人物には先行研究がなかったので、国内はもちろんイギリス本国での資料調査をおこない、『明治のエンジニア教育』（中公新書、一九八二年）や『ダイアーの日本』（福村出版、一九八九年）などを刊行するとともに、元駐日大使で日本研究で有名なコッタッチー卿にすすめられ、英文でダイアーの伝記と、ダイアーの著作集（全五巻）をイギリスから刊行した。

たまたま工業教育史から始まったわけであるが、その後の私の仕事は、農業および商業を含む産業教育史の研究へと拡張した。私の関心が自然とそうさせたのであるが、それだけでなく本格的な研究が少ないということもその理由であった。

なぜ先行研究が少ないのか。その理由は多々あると思うが、その一つは、敗戦直後の日本では産業界と教育界とが疎遠であったことに原因があったからだと思う。産業界を代表する日経連と教育界を代表する日教組とは、文教政策をめぐって対立した。教育界としては、戦前期の軍国主義教育への反省から、政治や資本の側から出る教育要求への反発があった。教育学者や教職員の多くがこれに組した。その結果、戦後、特に経済成長期に入った以後の日本の、主要な教育政策の決定に際しては、教育界の意見が反映されなくなった。しかし、時代が移るにつれて事情は徐々に変化し、今日では産学連携論が支持されるようになった。

教育学を専攻する私としては、イデオロギー抜きでこの問題に切り込んでみたいと考えた。学問としては未解明なこの難題に挑戦するには、私自身の研究視座を明確にしておく必要がある。自己の力量の限界を考えたうえで、テリトリーは、産業を工・農・商の三業に限定すること、アプローチは教育史研究の方法を採用することにした。日本人が産業界の人となるのに、どのような教育的営為が作用したのか、その際の思想と実践を歴史的に追跡することを通して、日本の産業教育の特質を明らかにし、その中に潜む課題と将来への指針を探り出そうと考えた。

歴史的なアプローチには、第一次資料の探索は当然のことながら、比較教育史や内外教育交流史の手法も用いてみた。その結果、近代日本の産業化の過程では、学校教育が著大な役割を果たしたという仮説を得た。戦前期の日本の学校は、普通教育と専門教育を中核にしつつ、両分野と交差したり、両分野から欠落したりする部分を実業教育の名で覆い、世界に類例のない国家的教育制度を確立した。国家も国民も、学校を「あて」にし、「ため」にし、学校もまたこの要請にこたえた。

この仮説の実証を目ざして、その後の私は一里塚を築く生活に入った。その都度出版物を世に問い、二〇一二（平成二四）年には、すでに品切れになっていた既刊書の増補版と新たに書き下ろしたものを加えて、全一三冊にまとめて風間書房から刊行して貰った。この仕事に対しては、日本産業教育学会から学会賞が与えられた。

しかし、私の目ざすものはもう少し先にあった。二〇一六（平成二八）年に名古屋大学出版会から『日本の産業教育―歴史からの展望』を刊行したとき、その序章の標題を「産業教育学へのプレリュード」とした。同書の「まえがき」では、「たとえ微力とはいえ、産業と教育の関係性を明らかにし、両者の関連づけに一臂の貢献をしたいと念願する。加えてその成果をもとにして、混迷する現代日本の産業教育の課題に対して解決の提言をなしたいと思う。本書が産業教育学の基礎づくりの一助となれば幸いである」と記した。

「混迷する産業教育」とまで極言したのは産業界の人士が教育学を軽視していることと、教育界の人士が産業の世界を忌避していることとの現状に対する批判から出た言葉である。せっかく創設された日本産業教育学会が、六〇年の歳月を経たにもかかわらずその学的体系化に戸惑っていることも大きな理由である。

本書は、大胆とも不遜とも捉えられることを意に介せず、書名を『産業教育学』とした。寡聞ながら、この書名を用いたのは本邦では最初ではないかと思う。その名を使うには私の研究は未だ十分とはいえないけれども、この仕事に着手してから半世紀がたった。書斎に掛けてある東山魁夷の名画「道」を眺めながら、私の目ざしてきた地平線ははるかに遠くて見えないが、齢を重ねたため中途ではあるがここらで牛の歩みを停止せざるを得ない。

なぜ産業教育学にこだわり続けたのか。日本では、さらにいえば世界でも、産業と教育の両分野には汗牛充棟の著作物が出ている。ともに、学会活動も活況を呈しているけれども、この二つの世界を結び合わせる学問は構築されていないのではないかと思う。教育の最終目標は、人間教育、つまり人間を人間にするために人間の学習活動を支援することであるが、その人間は現実社会で生きていく人間であって、なりわいのために種々の仕事をしている。生活に必要な物資を生産、製造、流通させるのが産業の役割であって、人間の仕事はその産業に直接関係するものもあれば、例えば医療や法曹や文化や宗教のように産業とは縁遠いものもある。しかし、直接・間接を問わず、人間の仕事は何らかの形で根底において産業形態を基礎にしている。人間はその産業社会の基盤の上に生きているからである。

特に、産業に直接かかわる仕事をしている人間は、時代によって刻々と変化していく産業社会にどのように対応したらよいのか。そのための教育と学習は如何にあったらよいか。教育を抽象的・思弁的に解釈したり、現状を調査して評論的な意見表明をなしたりすることでは、産業社会に生き、新しい産業社会を創り出す人間教育論とはなりにくい。教育の原理は産業社会を超越したり、それとは没交渉に構築するわけにはいかないからである。本書は、直接的には産業を仕事にしている人間育成論を目ざしている。

自分なりに、細い長い道を歩んできたものの、所詮自大野郎、立ちどまって思いをめぐらせたとはいえ、たいして重みのある知恵は出ていない。毀誉褒貶というが、そしられることは覚悟している。もはや反論はしない。私としては、渾身の一作だからである。あとは若い人たちにおまかせして、私の学問の人生史の掉尾にしたいと思う。

脚注を最小限におさえ、できるだけ平易に、できるだけ筋道を立てて記述したつもりである。できるだけ多くの方に目を通して戴きたいという思いからである。願うことはただ一つ、本書が、産業界と教育界を連絡する架け橋の、橋脚の一本になって欲しい、という期待だけである。

瀬戸の城下町備後福山にて　　著者しるす

二〇二〇年季春

目次

第一章　学としての産業教育

1　産業の世界

日本で、産業という言葉の使用は比較的新しい。江戸期には農工商と総称され、中でも従事する人口が最も多い農業が中心をなした。明治期に入っても、二〇年代になってようやく産業と銘打った二冊の雑誌があらわれた。一八九〇（明治二三）年に刊行された『産業時論』がその最初であって、主筆は、こののち近代日本の農業教育の最高指導者となる横井時敬《ときよし》である。横井は、「主ら農事を本とし、延て商工の事に渉る」ことにした。もう一冊は、農商務次官をつとめたあと民間に出て全国を行脚し「布衣の農相」と称された前田正名が一八九三（明治二六）年に創刊した『産業』であって、彼の経験からして農業を主体にしていた。ただし、その「発刊の趣意」の中には、「我実業界ノ幼稚ナル、農ニ工ニ商ニ其発達進歩ヲ図ルニ付キ為スベキノ事甚ダ多シ」（『産業』第一号、一八九三年）と記しているように、農工商を含めて実業界とも称している。

実業という言葉が多用され、しかもそれが公用語となったのは、明治三〇年代に入ってからである。その契機となったのは、一八九九（明治三二）年に制定された「実業学校令」であるが、これより先一年余り文部大臣をつとめたことのある井上毅《こわし》がこの言葉を使ったことがあるようで、彼の在任中の一八九三（明治二六）年には、当時の著名な教育雑誌『教育時論』には、「実業教育の本義は如何に之を解すべきや」と題する批判的論説が出ている。「実業教育てふ言語、一たび文部大臣の口に出でて其噂忽ち天下に囂然《ごうぜん》たり。既に実業教育は職業教育にあらずとすれば、実業教育の本義は如何に之を解すべきや」と疑義を呈し、「論者各《おのおの》銘々勝手の見解を付せざるを得ざるに至れり」という（『教育時論』第二九二号、一八九三年）。

「実業学校令」から四年後の菊池大麓文相の時代に、「専門学校令」が定められたとき、「実業学校令」も一部改正されて実業専門学校が生まれた。これによって中等と高等の実業学校が揃って、日本の産業教育が体制化され、第二次大戦の敗戦に至るまで継続した。マスコミも動いて、一八九七（明治三〇）年創刊の『実業之日本』や一九〇八（明治四一）年創刊の『実業之世界』などは、実業という名で売り出した。

しかし、戦前期の公用語となった実業に対して疑念を抱く人々がいた。商工業界のトップリーダーとなる渋沢栄一のごときは、一九二二（大正一一）年にたまたま三宅雪嶺が『実業』と題する雑誌に「実業の実とは何の意味乎《か》」と問いかけたことに同感の意を示し、「極て無意義」と断じ、「農工商の事業」であり、「生産殖利の経営」を意味すると解釈して自分を納得させた（『龍門雑誌』第四一四号、一九二二年）。この解釈なら実業よりも産業のほうがふさわしいと思われる。

大戦末期になると、産業という言葉が再度姿をあらわしていることに注目したい。一九三四（昭和九）年、文部省は官民を総動員して実業教育五〇周年の記念式典を挙行し、『実業教育五十年史』を刊行した。この事業の推進役であった実業学務局長菊池豊三郎は文部省の「別働隊」と称すべき全国実業教育会（のち実業教育振興中央会と改称）の結成に導き、機関誌を『産業と教育』（のち『産業教育』と改称）と名づけた。彼の意図は「実業界と教育界とを合従《がっしょう》連衡《れんこう》し、相倚《よ》り相俟《ま》つて実業教育の振興に貢献し、産業発達の基本を培ひ、進んで国力の伸張に寄与せんことを期す」という言辞に尽くされていた（『産業と教育』第六巻三号、一九三九年）。

この時点では、実業と産業は同義であって区別はつかない。産業教育という言葉が使われるのは、戦後の一九五一（昭和二六）年の「産業教育振興法」を待たねばならないが、菊池のいう産業界と教育界の連携論は先見にとみ、今日の課題となる。

産業という言葉は経済学では学術用語となっているようである。ちなみに岩波の『現代経済学事典』には、有名なイギリスのコリン・クラークの三分類が紹介されている。第一次産業は自然の恵みをうけて人間が手にする産業であって、農業、牧畜、林業、水産、狩猟を、第二次産業は自然の素材を加工する製造業であって、製造業、鉱業、建設、ガス、電気事業を、第三次産業は、その他の商業、運輸、通信、公務、自由業、対人サービスをさす、とされている。今日、一次は縮小し、第三次の拡張が目ざましいが、公務やサービス業まで含めるとその境の際《きわ》は見えにくくなる。

脱工業化を標榜する国ではちがった分類がなされる。例えばスウェーデンでは、何千もの地域開発グループによって三つの方向へと動いているという。その一は、ＩＴにかかわる知識集積型産業、その二は、児童福祉などの対人サービスをおこなう労働集約型産業、その三は観光事業などにかかわる地域文化イベント事業である（神野直彦『人間回復の経済学』岩波書店、二〇〇二年）。

日本でも、一次農業、二次工業、三次商業という観念は固定しているとはいえ、最近では、東京大学の今村奈良臣のように、一と二と三を掛け合わせて六次産業を提唱する人もいる。衰退著しい農業も、コンバインによる機械化や、経営の合理化などによって変動しているからである。

こうしてみると、実業がそうであったように、産業もまた定義づけがむずかしい。しかもそれは時代とともに動き続けている。しかし、それは生きるための人間生活により近いより深い関係をもつゆえに、人間の形成論には欠かすことのできない世界を表現する言葉ではなかろうか。

2　教育の世界

教育という言葉も明治期に入って公用語となったが、論者によって意味する内容や範囲は多様である。現行の「教育職員免許法」では教職科目のコアに「教育原理」があって、「教育の理念並びに教育に関する歴史及び思想」を含み入れることになっている。牧昌見や大矢一人などは、そのテキストの分析をしていて、多くの場合「教育とは何か」について論じているけれども、教育の定義はまちまちで一定したものはないという。教育の語源である古代ギリシアの「ベダゴジー」から説き起こしたり、近代教育学の鼻祖であるペスタロッチーや、その後のヘルバルトやシュプランガーやデューイなどの言辞を引用するものもある。

教育の世界も産業の世界と同じように時代によってその範囲や役割を広げ続けている。ただし、近代の教育は、それに対応する学校という機関があり、その中核的役割を担っている。産業界の企業がそれに相応するが、その営利目的は学校とは縁遠い。

とりわけ、日本の近代化の過程においては学校への期待は大きく、またそれだけの役割を果たした。その日本の学校教育は、日本の産業化という役割の一端を担ったことも先進西洋とのちがいになった。維新後に開明派官僚がまず着手したのは、産業界の人材養成のための学校であった。工部省の工部大学校、開拓使の札幌農学校、内務省（のち農商務省）の駒場農学校などである。

いっぽう文部省も、一八七二（明治五）年に「学制」を、一八七九（明治一二）年に「教育令」を定め、学事行政を主管した。この二件の近代教育法の中に産業教育を含み入れたことも注目すべきである。「学制」では、「学校ハ三等ニ区別ス大学中学小学ナリ」とし、その中学の別種として農業学校、商業学校、工業学校を含めている。その翌年の「学制二編」の追加では、専門学校の規定を設けて、「法学校医学校理学校諸芸学校礦山学校工業学校農業学校商業学校獣医学校」をあげて、産業系学校も専門学校にした。「教育令」では、「学校ハ小学校中学校大学校師範学校専門学校其他各種ノ学校トス」とし、その専門学校の中に産業系の諸芸学校、礦山学校、工業学校、農業学校、商業学校、獣医学校を含めた。

文部行政のその後の大英断は、一八八六（明治一九）年に「帝国大学令」を公布したことである。そこに至るまで、文部省と農商務省との確執はあったが、文部省は「教育令」の「全国ノ教育事務ハ文部卿之ヲ統摂ス」という規定を盾にして、学政の一元化を進め、帝国大学の創設時に工部大学校をその中に包摂し、それから四年後には駒場農学校もその中に含み入れた。札幌農学校は少しおくれたけれども北海道帝国大学の中核学部となった。西洋中世の大学は、法・医・神の三学部から成っていたが、日本の帝国大学に工と農が入り込んだことは特異のことであった。

日本の学校教育は、その幅を広げるにつれて種々の分類がなされた。例えば、初等教育、中等教育、高等教育の三分類は段階別に区分したものであり、これに幼児教育や社会教育が加えられることもある。内容別に見ると普通教育、専門教育、実業教育の三分類がなされ、さらに細かく専門分野別に見て、産業系では、農業教育、工業教育、商業教育、水産教育、畜産教育などが挙げられるし、産業を越えると医療教育、法曹教育、教師教育など際限なく広がる。このうち、社会教育は、今日ではキャリア教育と称され、学校を出たのちの生涯にわたる自己学習へと継続しているし、幼児教育は学校に入るまでの保育を含み、子ども学という新しい言葉が流行している。

近代の学校は、意図的・計画的に作り出された教育の中核的機関であって、そこでは施設設備が整えられ、専門の教師がいて、国の定める教育内容を生徒に教え、生徒はそこで学習して自立した人間に育てられるのである。戦前の産業教育について見れば、その専門の教師も学校において養成された。東京帝国大学の農業教員養成所、東京高等工業学校の工業教員養成所、東京高等商業学校の商業教員養成所は代表的三校であり、このうち東京帝国大学のそれは一九三七（昭和一二）年には独立して東京農業教育専門学校となった。大学や専門学校の卒業生も教育界に出て担当する専門教科の指導をしたが、教員養成所出身の教師は師範学校卒業後に養成所に入学した者が多く、教授法にも精通していた。産業教員養成所の実績は、残念ながら戦後の日本には継承されていない。教育職への魅力が薄らいだのは、もちろん処遇の問題も関連している。よき学校はよき教師によって支えられるべきは、当然の条件である。

工学教育の頂点に立つ東京大学工学部の改革を主導してきた元東京大学総長吉川弘之の見解は傾聴に値する。教育は誰にとっても自分のものだから皆で考えればよいが、それだけに合意形成のむずかしい課題であるという。氏によれば、「教育は、進化可能な適応力を持つ社会的仕組」であって、「これが最適の教育だと断定できるようなものは本質的にあり得ない」という（『テクノロジーと教育のゆくへ』岩波書店、二〇〇一年）。ペスタロッチーの教育論を原点にするにしても、それにとどまることのできない世界であって、教育学の理論も時代に即して柔軟さが求められる。

そこで改めて教育の世界とは何か、と問うてみても、にわかに返答に窮する。これまでの日本の歴史に照らしてみれば、その中核が学校であることだけは間違いない。そこでは教えることと育てることが効率よくかみ合って実践された。最大の要件は、専門職としての教師が、生徒に対して知・徳・体の価値ある内容を教え、生徒はそれを学習して、一人前の人間に育てられるというのが、教育の原義である。大正新教育時代の教師たちは、生徒が自主自育できるような人間形成の教育方法を案出することに腐心した。教える内容にも教える方法にも創意工夫が求められる。将来的には、その工夫が生涯にわたる自己成長のための学習の習慣化に結びつくことの期待を抱いていた。

今の学校は、問題が多すぎる。もっと変わらなければならない。学校の改革なしには教育の世界は沈滞するだけである。

3　産業教育の世界

産業教育という言葉は、一九五一（昭和二六）年の「産業教育振興法」によって公用語となった。同法の定める産業教育とは、「中学校、高等学校、大学又は高等専門学校が、生徒又は学生等に対して、農業、工業、商業、水産業その他の産業に従事するために必要な知識、技能及び態度を習得させる目的をもって行う教育」であり、カッコつきながら「家庭科教育を含む」と定めた。この法律は戦前の実績を継承しつつも次の四点に新しさが加えられた。

その一は、産業教育という名称を用いたことである。戦前は実業教育と称したし、また教育界では職業教育が慣用化されていたのに、産業と称したのは初めてである。職業教育との関係は微妙であるので後述する。

その二は、産業の世界を農・工・商・水産・その他と特定したことである。これは戦前の実業学校を踏襲したものではあるが、戦後になって実業学校が袋小路の学校であって教育の平等を建て前とする一元的教育体系に反するという当時の批判をかわしたものと思われる。そして、そのことがこの法律を新味あるものにした。

その三は、産業教育の学校の中に大学を含み入れたことである。すでに述べたように日本の大学は出発当初から産業と深い関係をもっていたけれども、戦前の実業教育は中等の実業学校と高等の実業専門学校を中核にしていたため、大学は学術の研究教育機関として別扱いにされ、文部省の担当部局も異なっていた。しかし大学も大きな役割を果たしてきたことは、日本の産業教育の一大特色であって、そのことを明記した。

その四は、以上の三点とはちがって議論の余地のある問題であるが、カッコつきながらもわざわざ家庭科を含むとしたことである。戦前の日本では男女別学を原則にしていたけれども、実業系の中等学校は女子に開放していた。農業学校には男女共学の事例が多々あり、商業学校では女子のために設けられた学校の数は多い。そこでは農業や商業だけでなく家事裁縫も重要な教科とされた。実業学校の中にも、はじめ徒弟学校、のちに改称された職業学校を含んでいて、そこでは女子の家政系女学校が中心をなしていた。戦前の家事家政科や戦後の家庭科を産業教育と見なすことが適切であるかどうかは問題であるけれども、産業世界では男女協業は当然のこととされてきたことを考え合わせるべきである。

産業教育とうたって職業教育としなかったことの意味は大きいと考える。法案の段階では、アメリカのスミス・ヒューズ法（一九一七年）やジョージ・バーデン法（一九四六年）にならって「職業教育振興法」と仮称していた。この職業を産業に変えたのは、占領軍の民間情報教育局（ＣＩＥ）の担当官ネルソンと文部省の職業教育課長杉江清らが、当時低迷していた工業高等学校長の要望を受け入れたためであるとされている。職業教育は広く職業全般にわたり広範にすぎるというのがその理由である。アメリカでは職業の種類は数万に上るといわれるし、日本でも一九二〇（大正九）年の第一回国勢調査において申告された職業は三万五千を数えた（尾高邦雄『職業社会学』岩波書店、一九四一年）。逆に学校における職業教育はせいぜい中等学校までであって大学は含まないという理解もあり、そうなれば学校の職業教育のほうが幅が狭いともいえる。

ただし、教育学の世界では、範囲や幅など関係なしに、職業教育は人間教育の重要な一部であるとされてきた。ペスタロッチーは、国民教育を基礎陶冶、道徳陶冶、職業陶冶に三分した。その後の教育学者も、それを踏襲したし、特に日本の教育学に影響の大きかったシュプランガーやケルシェンシュタイナーは職業陶冶の意義を強調したし、自由教養教育で有名なフンボルトでさえ、職業教育を人間形成の一環であると見ていた。ドイツでは学校の職業教育と企業の職業訓練とを併行させるデュアル・システムが発達し、アメリカではガイダンスで職業指導がなされた。ドイツの事情に詳しい佐々木英一によれば、最近のドイツでは「職業・経済教育学」が生まれ、大学での学位取得を可能にしているという。

「産業教育振興法」そのものに規定はなかったが、同法のもう一つの影響は、ドイツの先例にも見られるように、産業教育を学校外の職業訓練と結び合わせたことである。日本では戦前から企業内教育が盛んであったが、隅谷三喜男著『日本職業訓練発展史』（上・下、日本労働協会、一九七〇～七一年）や日本産業訓練協会の編集した『産業訓練百年史』（一九七一年）に見るように、学校教育とは切り離して考えていた。「産業教育振興法」を受けて発会した日本産業教育学会が、企業内教育や公共職業訓練などを包み込んだ産業教育を考えるようになったことは、産業教育学の研究にとっては限りなく大きな前進となった。産業教育の世界は拡張したからである。

4　関係する学会

産業と教育に関係する学会としては、主要には、日本教育学会と日本産業教育学会がある。

第一の日本教育学会は、一九五〇（昭和二五）年に発足した。すでに一九四一（昭和一六）年から教育学者の研究団体はあったが、この年会則を全面的に改正し、それまで二〇〇名程度の会員がこれにより三〇〇〇名を越える一大組織となった。日本教育学会が年間四回刊行する『教育学研究』は、大学における学位論文の審査の際には重要な基礎資料となるだけの権威をもっている。

ちなみに、産業そのものの学会に比べると教育学の学会は大幅に遅れた。ダイアーの肝いりで工学会（のちの日本工学会）が発足したのは一八七九（明治一二）年のことであり、一八八七（明治二〇）年には日本農学会が発足している。日本工学会の場合、早くから専門学会が派生した。日本鉱業会（一八八五年）、造家学会（のちの日本建築学会、一八八六年）、電気学会（一八八七年）、造船学会（一八九七年）、機械学会（一八九七年）、工業化学会（のちの日本化学会、一八九八年）など相次いで設けられ、それに伴って、日本工学会は関連学会の連絡調整機関となった。

それより七〇年余りおくれて発足した日本教育学会も、日本工学会と同じように関連する専門学会が派生して地方学会などを含めると今や数十に達している。古いものとしては日本教育社会学会、教育史学会、教育哲学会、日本比較教育学会などが、研究方法論に独自色を発揮している。しかし、日本教育学会はなお健在で、その学会長をつとめた佐藤学によれば、「教育的に探求すること」を使命とし、専門学会の自閉化を防ぎ総合化の契機を与えるがゆえにその存続根拠は大きい、としている（『教育学研究』第七六巻一号、二〇〇九年）。

しかし、日本教育学会の研究状況を見ると、産業教育に関係するものは極めて少ない。戦後の暫くの間、文部省の進める教育政策が、教育界の標榜する民主主義、平等主義の原則に逆行する反動的なものとする主張が、特に教職員組合側から出され、学会もまたこれに呼応したため、経済界からの要請を拒絶したことがその一因である。その後状況は変化したものの、教育界と産業界を連携させる発想は今日に至るも力が弱い。ちなみに、二〇一三年から一七年までの五か年間の『教育学研究』の論説題目を調査してみたところ、二〇一六（平成二八）年に「労働と教育」という特集主題を組み、六名のパネラーが意見交換しているが、外国事情の紹介役としてフランスの京免徹雄、アメリカの横尾恒隆が登壇している。この両氏は日本産業教育学会でも活躍している。なお、戦後の一時期ソビエト教育のポリテフニズム（総合技術教育）に注目した二人の有力教育学者が労働と教育の問題を論じたことを付言しておきたい。一人は北海道大学の城戸幡太郎であって、『生産技術の教育』（小学館、一九五〇年）を著すとともに、北大を産業教育研究の拠点校に育てた。もう一人は東京大学の宮原誠一であって、生産教育論のオピニオン・リーダーとなった。

第二の日本産業教育学会は、この分野における本邦初の専門学会である。一九六〇（昭和三五）年に発表された「創立の趣旨」は、格調高い言葉で新しい教育理念をうたい上げた。今日教育に関係する者の中には、「現状の生活に即さない」「旧来の講壇教育学や評論教育学に失望」する者が多いこと、ようやく緒につき始めた「産学協同」も機械的、形式的、便宜的な連携にすぎないことなど、現状批判に立って、教育を学校の外に出すことが重要であり、そのことは、「今日の教育と教育学との歴史的任務であって、これを外にしてはわが国の教育の前進はあり得ない」とまで断じた。

この学会の創立には二人の重要人物が貢献していた。その一人は、労働科学や産業心理の研究者桐原葆見であって、学会の初代理事長をつとめた。一九六〇（昭和三五）年に公刊した『生産技術教育』（国土社）は、労働を基礎にして産業と教育の関係を深めるためには、学校だけでなく学校外の世界にも注目すべきことを説いた。上記の学会創立の趣意書は桐原の起草したものである、と後任の理事長となった細谷俊夫は認めている。その細谷は、学会創立のもう一人の功労者であって、名古屋大学に産業教育研究の種を蒔いたのち東京大学教授に転じた技術教育論の大家である。細谷は、すでに早く大戦末期の一九四四（昭和一九）年に『技術教育』（育英出版）を出版して産業と教育の連繋の必要を説き、戦後には論説の数を増やして一九七八（昭和五三）年には『技術教育概論』（東京大学出版会）にまとめた。細谷の門下生で当学会の論客の一人斎藤健次郎によれば、細谷学説の特色は高等学校の職業教育論にあるという（『産業教育学研究』第三七巻二号、二〇〇七年）。細谷は、学会の理事長を二一年間つとめ、東大に移ってからは日本教育学会の会長代行をつとめたこともあり、数多くの門下生を育てたが、彼らは『細谷俊夫教育学選書』（全四巻および別巻、教育出版、一九八五年）を刊行して、その第三巻を「産業教育論」と題号した。

同学会は、はじめ『産業教育研究資料』、のち『研究紀要』、さらに『産業教育学研究』と改題した学会紀要を刊行してきた。図書館に所蔵しているところがなく閲読が無理とあきらめかけていたところ、今般、名古屋大学で研究指導をされている横山悦生教授のご好意で全冊に目を通すことができた。名大はこの分野での研究で日本の最高水準の実績を誇り、横山教授はその第一線に立っている。

幸運にも日本産業教育学会の研究の歴史を紀要を通してではあるが、学習することのできた筆者の、率直な感想を述べさせて貰うならば、以下の三点が重要ではないかと思う。

第一点。紀要に掲載されたり、紀要に紹介されている研究発表のテーマを見ると、産業の種類が際限なく拡大していることである。医療や福祉や理美容や調理なども含まれている。「産業教育振興法」には農・工・商その他と限定していたのであるが、第三次のサービス産業が拡張したためであろう。日本の産業の原点は農・工・商であった、ということが忘れられている感がする。

第二点。「産業教育振興法」には、大学も対象とされているが、紀要には大学に関する論説は極めて少ない。学会の創設時から有力メンバーの一人であり、のち茨城大学学長となる都崎雅之助によれば、産振法でいう大学はせめて短期大学以下のことであると解釈している（『産業教育研究資料』第一号、一九六二年）。大学の問題は、もはや産振法ではなく、一九九六（平成八）年制定の「科学技術基本法」によって律せられている。日本の産業教育の原点は、大学と高等専門学校にあったという、日本の特色が見失われている感がする。

第三点。公共職業訓練や企業内訓練の関係者の発表が多いことである。そのことは望ましいことであって、特に労働行政の側から出た一九五八（昭和三三）年の「職業訓練法」とその後改正された現行の「職業能力開発促進法」のもとで、各地に短期大学校が、中央に職業能力開発総合大学校が設けられ、新しい発想による職業訓練の思想と実践が生み出されている。ある意味では戦後無為無策状態に陥っている学校教育への挑戦とも受けとれるが、日本の学校が産業教育の中核をなしてきたという歴史的特色が弱められはしないかという感がする。

しかし、日本産業教育学会が産業と教育を連結させる新しい教育訓練論を構築できているかといえば、そうともいえないのが現状である。ちなみに学会の会長として指導的役割を果たした元名古屋大学教授の寺田盛紀は、学会員を総動員して『産業教育・職業教育学ハンドブック』（大学教育出版、二〇一二年）を編纂した。その構成は、義務教育、後期中等教育、高等教育、職業訓練、企業内教育、障害児教育、キャリア教育、諸外国の事情など幅広いものとなっている。書名も産業教育と職業教育が並置されていて、産業教育学会のアイデンティティが薄れている。残念なことに二〇一九（令和一）年の学会の総会では、学会の名称を職業教育学会と変更したとのことである。産業教育は職業教育であることに間違いではないが、その中に包み込んでしまえばその独自性が失なわれることを危惧する。

5　本書の視座

そこで筆書がどのようなねらいで本書を執筆するのかが問われるであろう。これまで誰も使ったことのない『産業教育学』と銘打ったからにはそれなりの説明が必要である。筆者としては、二つの回答を用意している。第一は、本書のテリトリーであり、第二は本書のアプローチである。

まず第一のテリトリーについていえば、筆者は、産業教育学会の創立趣意に賛同する。「産学協同」を理念とし、「近代産業化した社会における生産活動と消費活動のためのあらゆる教育問題を討議」して日本の「教育の前進」を図る、とはすばらしいことだと思う。

歴史的に見れば、教育には二つのルーツがある。その一つは、古代ギリシアの市民が奴隷労働の上に支えられて余暇を楽しむ自由教養教育であり、他の一つは、ヨーロッパの中世大学に起源をもつ医学、法学、神学の専門職業教育である。その専門職業教育は、その後幅を広げ産業界の人材教育も含むようになった。ところがそれらの専門職の教育は、それ自体の専門化が進んで職務内容が拡大し、かつ学校だけでは果たし得ない限界が生じた。例えば、医療職の場合、医師のほかに看護や理学療法などを含み、かつ研修医制度のような現場経験が必要となった。産業の専門職も内部の専門分化と役割分化が進展し、併せて産業界との連携を欠かすわけにいかなくなった。

問題になることは、医療や法曹の世界では、テリトリー、つまり守備範囲に一定の枠をはめることができるのに、産業ではその境界が見えないことである。先に見た学会のハンドブックでもそのことが証明される。学問のテリトリーが不明確ならば、学としての体系化は難しいし、産業教育学の定義は容易ではない。現今の教育界では、この分野に関係する諸種の学問名称が使われている。特に重要なものは、職業教育学、技術教育学、キャリア教育学の三種である。産業教育学とのちがいは何なのかを考えてみる必要がある。

職業教育学と産業教育学の関係は微妙であることは、すでに言及してきた。ハンドブックをまとめた寺田盛紀は、ドイツのデュアル・システムの研究者であって、その後の著作では『日本の職業教育』（晃洋書房、二〇〇九年）と題している。ペスタロッチーの職業陶冶論以来、ドイツで発展した職業教育は産業だけではなく、さらに広いものである。ただし、それが国民教育論として提示されたものであれば、職業教育はせいぜい高等学校の職業学科の段階にとどまることになって、大学にまでは及ばない。

技術教育学と産業教育学とは領域間にずれがある。細谷俊夫の二冊の技術教育論については先述した。工業技術が中心であって、しかも高等学校を重視している。その後、技術革新が進むにつれて、日本の文教政策は科学技術教育の推進へと舵を切り、大学や大学院を重視するようになったが、工業技術が主体であって、産業教育が併せて対象とする農業や商業は下位に置かれている。

キャリア教育学と産業教育学は視点がちがう。キャリア教育は、それまでの社会教育や生涯教育に代わる新しい概念であって、二〇一一（平成二三）年の中央教育審議会の答申「今後の学校におけるキャリア教育・職業教育のあり方について」で公的な用語となった。入職前の教育とか入職後の教育訓練とかのように特定の時期を区切るのではなく、自立できる職業人として生涯を完うするための教育を意味する。中教審の審議記録を見ると、学校だけでなく、入職後の教育を含めて自立的社会人、職業人としてのキャリア形成を支援する教育であり、特定の職種に必要な知識や技術や態度を育てることを直接の目的とする教育ではない、としている。「一人一人の社会的・職業的自立に向けて必要となる能力や態度を育てることを通じて、キャリア発達を促す教育」という定義がなされている。

以上、教育界で常用される三つの用語と産業教育とのちがいを記してみたが、いずれの用語も明確な定義がないため区別しにくい。そこで本書では、思い切って本書の取り扱うテリトリーを限定しておきたい。日本には、日本独自の産業と教育があった。そのことを念頭におくと、明治初年の「学制」の中に出る農工商の学校というのが、日本の産業教育の原点であると思う。言うところの第一次から第三次までの産業である。本書では、できるだけテリトリーを限定して、日本の産業教育の本質を考えてみることにする。もちろん、三業は絶えず変化しているし、三業のからみ合いも増しているので、そのことも念頭におかねばならない。

テリトリーが決まれば、第二のアプローチが問われる。教育学そのものは独自な方法論をもつ学問領域ではないため、これまで哲学、歴史学、社会学など種々の方法論が用いられてきた。産業教育学となると企業内教育や公共職業訓練など横の世界と関連するため、労働や経済や雇用や福祉などの学問とも関係する。そこで本書は、この点でも思い切った自制をする。それは学校教育史の手法である。なぜ学校なのか、なぜ教育史なのかについては弁明を必要する。

学校を中心にする、ということは、日本の産業教育が学校を中心にして成立し発展してきたという日本の歴史的独自性を認めるからである。先進西洋各国の産業教育を類型化することは難しいけれども、大ざっぱにいえば、イギリスは徒弟制度の実地訓練を大切にし、フランスはエコール・ポリテクニクやグランゼコールのような高等の技術学校を設けたし、ドイツは学校と企業との連携によるデュアル・システムに特色を発揮している。日本では、明治のはじめにイギリス人ダイアーが、イギリス流の実地訓練とヨーロッパ大陸に成長しつつあった学校教育を参考にして、学理と実地を組み合わせた実験的な企図として工部大学校を創始した。これが端緒となり、日本の産業人材の教育はまずは上層の学校から始まり、順次下降化して、近代学制の中では小学校から帝国大学に至るすべての学校がそれぞれの役割を果たした。

後日のことになるが、イギリスに帰ったダイアーは二冊の日本研究書を著し、その中で日本の国家的学校教育制度を高く評価し、一九世紀の世界史における「奇跡」「驚異」とまで称賛した。日本が産業国家として成長した理由の一つは、学校教育にあるといってもさしつかえないであろう。学校外の企業内教育でも、仕事に直接役立つ技能の訓練は別にして、学校に類した企業立の学校が数多く存在したし、今日の公共職業訓練でも短期大学校、大学校、総合大学校と称している。

教育史の手法を用いるということは、筆者自身のこれまでのささやかな研究歴の然らしめるところであるが、筆者なりの理由がある。日本産業教育学会の創立趣意書には、これまでの講壇教育学や評論教育学を超克するという決意が示されている。西洋の、特にドイツの著名な教育学者の学説を難解な訳語で翻案するのが講壇教育学、思弁教育学であって長く日本の教育学界を支配してきたし、戦後になるとアメリカの社会学的手法による実証教育学が盛況を見せ、実情の問題点を鋭く指摘するものの、その域にとどまれば評論教育学となる。

それならば、産業教育学に独自な方法があるかといえば心もとない。そこで筆者は歴史的研究法を用いる。そのわけは、生産的人間の育成に力を尽した日本の教育家の思想や実践の中から何らかの論理を見つけ出し、未来への指針にしたいからである。彼らは、生産現場や教育現場において、思索や試行を重ねてきた。体系的、学問的な学説とまではいかないものの、彼らの思想や実践を丹念に追跡して、それを搾り出せば、その抽出したエキスの中に日本人の産業教育の論理を探し出せるのではないかと思う。観念やイデオロギーの空中戦ではなく、日本人のなりわいに密着した地上戦を展開すれば、産業教育学という高嶺に到達する道になるのではないかと思う。真の理論を確立するには拠るべき事実が不可欠であり、本書では日本人の生業の歴史の中にある事実をもとに現在を考へ、未来への展望を開きたい。

第二章　伝統社会の産業観

1　恒業恒心論

多くの面で先進西洋に範をとった日本の近代社会に先行する長い時代を伝統社会と称するならば、その時代の日本人の思想に大きな影響を与えたのは、中国伝来の儒教思想であった。産業社会についていえば、『孟子』や『管子』の中に出る恒業恒心論が重要ではないかと思う。

江戸期の中核産業は農業であり、人口の八五パーセントは農民であった。農民に対しては江戸農書と称される多数の啓蒙書が刊行された。その先駆は筑前黒田藩に仕える宮崎安貞が一六九七（元禄一〇）年に刊行した『農業全書』であって、明の徐光啓の『農政全書』を下敷にしていた。その後はムラ役人や老農などの著作物が相次いだが、その中には「恒産なければ恒心なし」という言葉が出てくる。一例を挙げれば、備前岡山藩の儒者武元立平の著わした『勧農策』の中には、「孟子ニモ恒ノ産アル者ハ恒ノ心アリ、恒産ナキモノハ恒ノ心ナシト言ヒ、管子モ衣食足リテ礼節ヲ知リ、食廩《しょくりん》実《み》チテ栄辱ヲシルト申候」と記されている（『日本経済叢書』第二〇巻、同書刊行会）。

士農工商の身分社会の中で、農工商の産業従事者、中でも最下位に置かれた商人が産をなすことを奨励する思想も生まれた。丹波国に生まれて京都の商家で奉公する間に『都鄙問答』を著わした石田梅岩は、「士農工商ハ天下ヲ治ル相《たすけ》トナル。四民欠ケテハ助ケ無カルベシ……士ハ元来位アル臣ナリ。農人ハ草莽《そうぼう》ノ臣ナリ。商工ハ市井ノ臣ナリ……商人ノ売買スルハ天下ノ相ナリ。細工人ニ作料ヲ給ルハ工ノ禄ナリ。農人ニ作間《さくあい》ヲ下サル、ノコトハ是モ士ノ禄ニ同ジ。天下万民産業ナクシテ何ヲ以テ立ツベキヤ。商人ノ買利モ天下御免《おんゆる》シノ禄ナリ」という（『石田梅岩全集』上巻、石門心学会・明倫社、一九五七年）。天下万民は産業によって生きそれぞれの収入（禄）を得ることを認めた梅岩は、商人に対しては倹約と正直の心を持つべきだと、心の問題を深く論じた。梅岩の主張は石門心学と称され、門下生によって世に広められた。倹約と正直を商業という職業の倫理にしたのは、日本人の倫理観に新しい道を開いた。

恒産を得るには恒業に従事することが必要であり、その捷径は家業に出精することであった。家業出精もまた日本人の古くからの産業観であって、親から子へとその心と技は引き継がれた。百姓の場合は、親がその模範を示したし、時にはその間に老農と称される熟練者が介在した。職人や商人の場合も親の役割は大きかったが、熟練した職人や大きな商家に丁稚《でっち》奉公や年季奉公をする間に「一人前」にして貰うことも慣行化した。いずれも恒職恒心を究極の目的としていた。

この一人前という思想も伝統社会では重視された。古い時代の農村社会では、生産活動は人力に頼っていたため、一人前には暗黙の合意があった。まず一定の年齢に達していること、加えて一定の生産労働力を身につけていることやムラ社会に協調することができることなどがその基準とされた。この一人前の思想は現代においても重要であるため本書の中で後述することにするが、現今の若者の中にその思想が希薄になっていることを憂慮する。近代になって学校が発達すると学校から職業へ直行する道が開かれ、その学校での修学期間が年々長期化すると学校を出ることと一人前になることの間に乖離が生じる。その問題を解決することは産業教育学の課題となる。

恒業恒心論は、近代になっても生き続けている。その一例を挙げてみる。今日、東京都市大学として発展している工科大学は、一九二七（昭和二）年に有元史郎が設けた東京高等工商学校に端を発するが、二年後に武蔵高等工科学校として独立した際の開校趣旨の中には、「恒産ナキモノハ恒心ナシト曰フガ、恒業ナキモノ亦恒心ヲ持チ得ナイ。而シテ恒業ハ何時デモ工業的技術ヲ有スル人々ノ排他的優越デアル」という一文がある（『武蔵工業大学五十年史』一九八〇年）。時代は、工業社会に変化していることがわかる文言である。恒産を恒業に置きかえて工業の職業に適用していることが注目される。

2 自修自営論

産業教育を目的とする学校の存在しなかった江戸時代においては、農工商の知識や技術や精神は、自ら範を求めて自学自修するよりほかに道はなかった。その範となるものは親や熟練者であり、それらの人の書いた書籍も参考になった。石田梅岩のいう禄は、世襲のサムライの場合は家格によって決められた額が上から与えられたにしても、農工商の庶民の禄は自らの力によって自ら稼ぎ出すしか方法はなかった。豪農や豪商の場合は、先祖の残した土地や資産を「守成」したが、この守成に際しても当事者にはきびしい努力が求められた。豪商となった三井家第三代目の高房の記した『町人考見録』には京都の富豪五〇家の没落の事情が記されている。その中には「川だちは河にて果る」という言葉が出てくる。

人口の大多数を占める農民の場合は、おびただしい数の近世農書が世に出たが、その書名を見ると、『農業自得』（田村吉茂）、『農事遺書』（鹿野小四郎）、『私家農業談』（宮永正運）、『老農置土産』（長崎七左衛門）などが目につく。その中にはムラ役人層の書いたものもある。書名の「自得」の意味は、農業の術と理は窮極には自ら獲得するしか方法はないことを示しているし、「遺書」は、親として考え実践したことを子孫に伝えたいという願いがこめられている。一介の農民から身を起こし、江戸期最多の農書を世に出した大蔵永常は、全国を行脚して、目で見て、話に聞いて、自ら試して世に広めることを目ざしていたが、彼には「広益国産」という新しい思想があって、注目に値するので次節で述べることにする。

職人の世界では、農商よりもさらに高度で精緻の技術が生み出されていた。繊維、醸造、金属、建築、陶磁器などに分化し、そのうち金属を例にとってみても、江戸期の金工は、鍛冶師、鋳物師、金彫師、象嵌師、仏具師、刀研師など二〇数種の職人がわざを磨き、「細工は流々仕上げを御覧《ごろう》じ」と自信を示していた（遠藤元男『日本の職人』人物往来社、一九六五年）。これらの職人は、その技術が親から子に引き継がれる以外は、普通にはおよそ七年間ぐらいの年季契約で親方に弟子入りをして、ようやく一人前となった。その間、親方は弟子に細かな指導をなすのではなく、弟子は日常の雑務に従事しつつ親方の技術を自ら学びとるというのが一般の慣行であった。

幕末期になって蘭学を通して西洋の技術を学ぶことができるようになると、日本の職人の技術は一挙に西洋の水準にまで近づくことができた。筑後の久留米にべっこう細工師の家に生まれ、細工の才にとんでいたカラクリ儀右衛門こと田中久重のごときはその代表的人物である。江戸や大阪に出てカラクリ興行をしながら、師匠について学んだ天文学や蘭学の知識を加えて万年時鳴鐘と称する高精度の時計を製作して世間を驚かせた。その後、佐賀藩に召しかかえられて、蘭書の図面を見ながら製鉄や蒸気船製造に携わるだけの技術力を発揮した。江戸期の職人の技術はその水準にまで到達していたことになる。

商人の世界では、町人文学の大御所井原西鶴が「知恵才覚」のある新興商人に注目した。伊勢国から江戸に出た三井高利は「現銀《げんきん》掛値なし」の新商法で財をなしたが、浮沈のはげしい世界であったため、同族の継承者と子飼いの奉公人に対して細かな家訓や店則を定め、家業の継承繁栄を図った。家中の各自はそれぞれの持ち場や立ち場において商人としての精神や技術を修得した。特に帳簿の技術は必須要件であって、近江商人の中井家のごときは複式簿記の高度の「調合法《ちょうあい》」を案出し、手代の時期に修得させた。

明治期に入り、日本資本主義の最高指導者となった渋沢栄一は、日本商人は「自働的進歩」を心がけよと説いた。渋沢は武蔵国の半農半商の家に生まれ、自称「商売人」となったが、後年の著作の中で「無学にて成功せし三大実業家」として挙げた中の一人は、三井家の番頭時代に維新を乗り切った三野村利左衛門であって、渋沢はその「才略縦横」「人を知る明」の卓抜さをたたえた（『実業訓』成功雑誌社、一九一〇年）。三野村は三井家の番頭時代にその才覚を身につけた。西鶴のいう「知恵才覚」に共通するもので、渋沢自身も、渋沢が評価した三野村も、ともに江戸期の日本商人の自修自営の思想の継承者であったといえよう。

3　広益国産論

江戸期も末期に近づくと、資本主義経済が目に見えぬ形で進行し、幕藩体制にゆらぎが生じた。そのことを意識はしないものの、その中に身を置いた一人の農民がいた。前に記した大蔵永常がその人である。彼の説いた広益国産論は、静かに変革の進行しつつあるこの時期に生まれた新しい思想である。

大蔵は、一七六八（明和五）年に豊後国日田に農民の子として生まれた。当時の日田は天領として、九州一円の幕府直轄地から収められる物産品の流通する商都として栄え、第二の大阪（当時は大坂）と称されるほどの繁栄をしていた。永常の父は森家と呼ぶ商家に奉公しながら農業を営んでいた。少年時代の大蔵は、学問（漢学）の道に進みたいという強い希望を抱いていたが、百姓の子には学問はいらぬという父の反対にあい、製蠟業を営む森家の丁稚として働いた。ちなみに、日田ではこのころ有力商家に生まれた広瀬淡窓が咸宜園《かんぎえん》という全国最大級の漢学塾を設け生涯に三千人にのぼる門下生を集めたという文教の町でもあった。学問への希望を絶たれた大蔵は、二〇歳のころ郷里を出奔し、九州各地を遍歴したあと大阪に出て、苗木などの販売をするとともに、農業の技術を紹介する著作活動を始めた。九州で見た櫨《はぜ》の栽培加工について記した処女作『農家益』を出したのは三四歳のときである。

その後の大蔵は居所を転々と変えて見聞を広め、各地の農業や農民の実情を次々に本にした。その著作物の幅は広く、主穀作物・特用作物の農書だけでなく、農民の道徳書、生活書、国語辞書などに及び、数え方によって差はあるものの三三部七九冊に達した。農学史の研究者飯沼二郎は、大蔵を「江戸時代における唯一の農業ジャーナリスト」と称した。多数の著作物のうち、最も注目したいのは『広益国産考』である。まず一八四二（天保一三）年に『国産考』二冊本を出し、「猶《なお》続ひて数冊を篇緝せんことを念《おも》ふ」と記し、それから一七年後の一八五九（安政六）年、死没直前の九一歳のとき全八冊にして『広益国産考』と題し、生涯の著作活動の棹尾を飾った。その総論には、「只諸国にて見及び聞およびたる事をかひつまミしるしたる而已《のみ》」と謙遜した。しかし、この書名は他に類を見ないものであって、大蔵自身は気づかなかったかも知れないが、次の時代につながる先見性を有していた。

筆者は、大蔵と同じ日田の生まれであるので、同郷のこの先達には早くから注目してきた。最初は『日本農業教育成立史の研究』（風間書房、一九八二年）の中で言及したし、二〇一二年にその増補版を出したときには「大蔵永常論—広益国産の思想」という補遺一篇を書き加え、最近単著として『現代に生きる大蔵永常—農書にみる実践哲学』（農山漁村文化協会、二〇一八年）を出版した。

そこで、『広益国産考』に至るまでの大蔵の農書の特色を筆者の視点からまとめてみると、以下の六点が重要ではないかと思う。

第一点。大蔵という民間から出た実務家の著作物であることである。彼は、漢学の素養はなく、顕微鏡の使用法について蘭学者の指導を受けたことはあるものの蘭学を学んだわけでもない。彼は一介の農民であって、全国各地の農民の知恵を寄せ集めたという意味で土着の著作者である。その中からこれだけの実践哲学が生み出されたことに注目したい。

第二点。その中には、江戸期農民の思想が投影されていることである。農民は「利」にさといがゆえにその利へのいざないを重要視した。利をもたらすためには、効率的な農具を使用すべきであるとして、全国の農民の考え出した農具を紹介する『農具便利論』を著わしたり、稲の害虫駆除のために鯨油を使う『除蝗録』や刈り取った稲の収穫量を増すために『豊稼録』を著すなどした。さらに彼の着眼は特用作物において独自色を発揮する。櫨や甘蔗《さとうきび》や綿など、また山野に自生する葛など、農民の利益を生み出す作物はことごとく対象にした。農民は自主的に利への工夫をこらせというのである。

第三点。栽培や採集だけの利益は限定されるので、加工や販売にまで手を伸ばせと説いたことである。櫨からは蠟を、甘蔗からは砂糖を、綿から糸を、といった加工の方法や会所と称した専売制によって高価に販売することなどを提唱した。農政学者の今村奈良臣は近年、第一次から第三次までの産業を掛け合わせた第六次産業という提言をしているが、それに近い着想が見てとれる。

第四点。農民の利益追求によって国が豊かになると考えたことである。もちろん当時の国とは幕藩体制下の領主の支配する藩であって、大蔵自身も渡辺崋山にすすめられて岡崎藩に、水野忠邦に認められて浜松藩に出仕し、一時期軽輩ながらサムライ身分となったものの長くは続かず失敗に終わった。大蔵は、貨幣経済が進行していた大阪を主たる生活拠点にしていたため、彼の国産論は時代の体制を越えていたという解釈もできるであろう。

第五点。大蔵の農書は、明治時代になって評価が高まり、豊田寛三らの最近の研究では確認されるだけでも明治期の刊本数は八八件にのぼるという（『大蔵永常』大分県教育委員会、二〇〇二年）。すでに農学史の飯沼二郎や農業経済史の津田秀夫らによって評価されているように、その経済的合理思想が評価されたためである。著者は第二次大戦後の日田の大山で農業革命を起こした矢幡治美につないで、基底にある商業精神を評価してみた。拙著の書名を『現代に生きる大蔵永常』としたゆえんである。ただし、矢幡の革命は、その成果が問題視され、今日の日田では批判の声も出ているが、大蔵にしても矢幡にしても、歴史にその名を残す先覚者であることは間違いない。

第六点。農民の啓蒙のために出版物を有効利用したことは、明治になって見られるぼう大な量の産業啓蒙書の先駆といえるが、これについては次章の産業開化論の中で述べることにする。

4　開物成務論

江戸期も末期になって明治維新も近づいてくると、知識人や為政者の中から、日本の産業振興に関する新しい思想や企図が生まれた。その動きを象徴する言葉が、「開物成務」であって、語源は中国の『易経』にあるとされるものの、その内実は西洋の、特に蘭学から出た開化の思想であった。略して「開成」ともいう。

まず知識人についてみると、多くの人物の中では佐藤信淵《のぶひろ》を筆頭に挙げるべきであろう。佐藤は羽後国秋田の医家に生まれ、高祖以来五代続いたという家学を集大成したことを誇りにしていた。彼の著作物は多数にのぼり、中でも『経済要録』全一五巻は有名である。その第三巻から一三巻までは開物篇と題した。彼のいう開物とは、「国土を経営し、物産を開発し、境内を富饒にして人民を蕃息せしむるの業」を意味していた（『佐藤信淵家学全集』上巻、岩波書店）。佐藤はこのほかに『開物論』『開物餘材集』などでもこの問題を論じた。

佐藤の開物論の中心は農業であったが、それだけでなく工業や鉱業にも広げて、『山相秘録』のような著書もある。加えて学校論にまで及び、『垂録秘録』の中では国策担当六府の中には開物府、製造府、融通府などを入れ、もう一方の教化担当三台の中には小学校、教育所を配置した。佐藤の著作物は明治になって評価され、内務省勧農局の織田完之は、佐藤の著作物を蒐集し江戸期農書の最高峰と称したし、近代の教育界のリーダーとなった東京帝国大学の春山作樹と東京文理科大学の乙竹岩造はそれぞれの研究紀要で佐藤の教育思想の先駆性を指摘した。

佐藤のほかにも、越前福井藩には松平春嶽のもとで殖産興業や人材養成の献策をした横井小楠や橋本左内がいる。

また南部盛岡藩の大島高任の藩政改革の献策の中には「学校御建立之事」「商業を勧め産物を開候事」などが含まれていた（大島信義『大島高任行実』一九三八年）。その他、開物成務の論者はいるけれども省略する。

藩の事業として開物に取り組んだところとしては、土佐藩と薩摩藩を例示したい。

土佐藩では、一八六六（慶応二）年に高知城下九反田に開成館が設けられた。山内容堂の支援を受けた「藩営の商館」であって、その構成は、軍艦、貨殖、税課、鉱山、鋳造などから成っていた。ほかに医局や洋書翻訳の訳局なども設けられた。殖産興業策の推進者吉田東洋が暗殺されたあと、その思想を受けつぐ後藤象二郎が奉行の一人となって全体の指導をした。窮極には軍事力強化のための資金づくりを目的としていて、長崎に設けた貨殖局の出張所を「土佐商会」と名づけて岩崎弥太郎をその商法主任として活躍させた。坂本龍馬の率いる亀山社中の商船隊とも連携させた。岩崎は明治になって商船学校や商業学校を設けることになる。

薩摩藩では、これより早く一八六四（元治一）年、島津久光の時代に開成所を設けた。藩の当初の計画では、陸海軍の兵法、天文や地理、器械や造船、物理や分析、医学という五つの分野を包括した革新的な洋学機関として人材養成をすることになったが、幕末の緊迫した政治状勢の中ではそのような悠長な計画を実現することはできなかった。五代友厚や森有礼ら一九名の藩士たちをイギリス留学に送り出したのはそのような事情があった。

幕府もまた開物成務論を標榜したが、その場合、軍事力強化よりも人知と技術を開発する教育論へ傾斜していたことが注目される。一八五六（安政三）年に西洋原語の著書や文書の翻訳を業とする蕃書調所を設け、一八六三（文久三）年にそれを開成所と改称して百工の技芸を研究するところにした。英、仏など五か国の語学教授に加えて、専門学として「天文学、地理学、窮理学、数学、物産学、化学、器械学、画学、活学」を挙げた（大久保利謙『日本の大学』

創元社、一九四三年）。

明治維新になって、土佐と薩摩の開成館（所）は姿を消したけれども、幕府の開成所は開成学校の名で復活した。その後、大学校分局、大学南校、南校、第一大学区第一番中学と目まぐるしく名称を変えて、一八七三（明治六）年に再度開成学校となり、一八七七（明治一〇）年に旧幕府の医学所を引き継いだ東京医学校と合体のうえ東京大学となった。のちの東京帝国大学の母体である。こうして見れば、開物成務論は江戸期から明治期への過渡的時代における架橋の役割を果したしたといえる。

第三章　近代社会の産業観

1　国家富強論

　幕末期に、欧米列強の軍事的圧力に脅威を感じた日本の指導層の人々は、西洋をモデルにした国家富強論者に変身した。それまで長い間文明の先進国として尊敬してきた中国も清朝末期になると西洋諸国の植民地化が進み、その情報が日本に伝えられてきた。一例を挙げると、のちに日本工芸教育の推進者となる納富介次郎は上海で見た惨状について報告している。一八六二（文久二）年に高杉晋作や五代友厚らを含む幕府派遣の中国視察団に弱冠一九歳の納富は同行を許されたのである。納富は本書では重要な人物となるのでのちに言及する。中国の弱体化を知ることのできた日本人は、西洋を範にして日本の富強を進める以外に道のないことを認識した。

　維新の前後から、日本の為政者や有識者の中では、国家富強が共通のスローガンとなった。富国強兵というとき、富国を優先させることも共通の理解となった。強兵のためにはそれを可能にする財力が必要になるからである。薩摩藩より先にイギリスに密出国した長州ファイブと称される五名の長州藩イギリス留学生たちは、産業革命を達成した工業国イギリスの見聞から、国家富強の第一着手は工業の振興にあると確信した。新政府の実権者となった長州藩の開明派官僚たちは、一八七〇（明治三）年に、そのための工部省の設置を実現した。農工商の産業の中でなぜ工業なのかについて、その申請書は次のようにいう。「国家ノ殷富ヲ致ス所以ノ者ハ農工商ノ三事ニ在リ。農ハ種植樹芸地力ヲ尽シテ以テ百物ヲ生ズ。工ハ地産ノ物ヲ取リ人力ヲ尽シテ凡百の器具ヲ製シ以テ世用ニ供ス。商ハ二者ノ作ル所ヲ搬運貨売シテ以テ天下ノ通融ヲナス。此三者備ラザレバ天下日用衣食ノ具、人民相生ジ、相養ノ道絶ヌ。何ヲ以テ国家ノ富ヲ望マンヤ。就中工芸ノ事ハ其用尤広大ニシテ富強ノ道此ヨリ急ナルハナシ」と（『大隈文書』「工部省ヲ設クルノ旨」）。三業、とりわけ工業を振興するの名文と思われるので、ここに引用した。その工業振興のための人材教育に成功したのは、長州ファイブの一人山尾庸三であって、「斯地ナリ、斯人ナリ、斯時ナリ。宜ク工業ヲ盛興シ工産ヲ繁富セシムルコト、最急最要ノ国務ト奉存候」と記した（『公文録』工部省之部、明治五年）。

長州藩出身の官僚の進める国営工業政策だけでは真の富国にはなり得ないと感じたのは薩摩藩出身の官僚であった。その領袖大久保利通は、一八七四（明治七）年の建議の中で工商の重要性を認めつつも、「農業ヲ勧奨シ厚生ノ大本ヲ立ルハ国家富強ヲ謀ルノ根基」と記した（『公文録』内務省之部）。彼らは民業育成こそ重要であるという立場をとり、はじめ内務省がその主管となり、一八八一（明治一四）年に農商務省を設けてその政策を継続させた。

新政府の官僚の中では、工本主義と農本主義が対立する結果となったが、民間知識人の中でも意見が分かれた。三人の人物を例示してみよう。

工業に傾斜した人物として平賀義美がいる。東京大学の出身で染色術の著述と染色業界の指導者となる学卒人材である。一八八七（明治二〇）年刊行の『日本工業教育論』はこの分野の先駆となる著作であって、その中で、「凡そ我ガ国家ノ富強ナランヿ《こと》ヲ欲セバ、空論疎術ノ固ヨリ善クスル所ニアラズ。之ヲ富サント欲スルカ、主トシテ工業ヲ盛ニスルニアリ。之ヲ強クセント欲スルカ、亦タ主トシテ工業ヲ盛ニスルニアリ」と記した。

商業に傾斜した人物としては馬場辰猪を挙げたい。慶応義塾出身で自由民権論者として知られる。彼は、一八八三（明治一六）年刊行の『商法律概論初編』の中で、「夫レ一国ノ能ク万邦ノ中ニ屹立シテ強堅不撓ノ勢力ヲ万世ニ振フヲ得ベキモノハ亦其国ノ豊富充実ナルニ由ルナリ」「苟クモ国力ノ強盛ヲ望マバ国ヲ富マスノ策ヲ講ゼザル可ラズ。国ヲ富マスノ策ヲ講ゼント欲セバ商業ヲ隆盛ナラシメザル可ラズ」と記した。

商業に傾斜しつつも、三業全体を視野に入れた人物として富田鉄之助の言辞を例示したい。富田は東京の商法講習所設立の発議者であり、大阪において大阪経済界の発展に功績のあった人物である。一八八八（明治二一）年刊行の荒川泰治著『銀行誌』に寄せた一文のごときは、強兵より富国が先であると説いている。「未ダ国貧ニシテ兵強ナルモノアラザル也。然ラバ則チ護国ノ要ハ国ヲ富マスヨリ先ナルハ無シ。国ヲ富マスニ自ラ人アリ、又タ自ラ道アルナリ。其人誰ゾヤ、農工商ノ三者則チ是ナリ。其道何ゾヤ、此三者ノ業ヲ利導スル〻則チ是ナリ」と。

2　産業開化論

近代の日本では、文明開化の言葉が多用されたけれども、その中に産業開化が重要な位置を占めていたことは余り知られていない。筆者の見解では、世界に類例のない規模での産業啓蒙時代が現出した。そのことを証明するために、筆者は『近代日本産業啓蒙書の研究』と『近代日本産業啓蒙家の研究』（ともに風間書房）の二書をまとめた。心ある知識人は、日本を産業国家に変えるために夥しい数の著作物（訳書を含む）を世に出して世人の啓蒙に役立てた。すでに江戸期にも、書物による啓蒙が盛行していたことは、農書を例に先述したが、明治に入るとその数は大幅にふえ、内容は西洋学芸の摂取へと変質していった。産業開化の時代を迎えたのである。

筆者は、国立国会図書館や国立公文書館などで産業啓蒙書の調査をし、一八八五（明治一八）年までの刊行物一二七一件を確認した。三〇数年前のことであり電子機器はなく、各図書館の蔵書目録やカードによる検索であったので、今日調べればもっと数は増えるであろう。筆者の調べた限りでは、著作書九七〇件、翻訳書（抄訳、意訳を含む）三〇一件であって、その内訳は、農業と商業がともに三七四件、工業が二三五件、一般勧業が二八八件に分けてみた。著訳者は民間人が多く、また民間の出版社からの刊行が多い。出版人を大別してみると、民版九一三件、政府の官版二四一件、地方行政機関の公版八二件、不明三五件となる。これら一二七一件を手がかりにして、日本の産業啓蒙時代の啓蒙意図を以下に分野別に概述してみる。

まず、農業分野については、次の四件を挙げてみる。

①明治三年刊フレッチェル（英）著、緒方儀一訳、大学南校刊『泰西農学』には松平春嶽の跋文がつけられていて、「古人云ふ、民は国の本なりと。本とは何ぞや。農に勤むるに在り。然らば則ち農学を明らかにし其の資養を詳らかにするは、実に国家の急務と為すなり」（原漢文）と記されている。

②明治七年刊ヨング（仏）著、菊野七郎訳、鼓岳舎刊『農学新論』の訳者緒言には、「夫レ農工商ハ共ニ相待テ益其業ヲ大成ス可キ者ナリト雖𪜈《ども》、三業ノ中殊ニ農ヲ以テ最要ノ者トス。其故ハ先ヅ農業起ラザレバ必ズ工商起ル可ラザルヲ以テ也。然リ而シテ方今欧米ノ美事ヲ讃称スル者専ラ工及商ニ属目シテ、農ハ是レ富国ノ大本、工商ハ是レ農ヲ勧励スル一術ナルニ着目スル者少《まま》レナリ」と記す。

③明治一一年刊津田仙筆「勧農之目途第一稿」（『農業雑誌』第四九号所収）。津田は、幕府派遣使節団の随員としてアメリカへの渡航経験をもち、維新後は西洋農法の紹介につとめ、学農社を設けたり、『農業雑誌』を刊行したりした。その最初の論説の中では、「国家の富栄を増すは百工技芸を盛大にするに在り。百工技芸を盛大にするの要は農業を盛大にするに在るなり。是れ他なし。農業の盛大に行はるゝに及んでは、自他諸業の行はるゝも亦た従つて盛大を致すものにして、農の業たる実に百業の大基なればなり」という。

④明治一二年刊尾崎行雄著、慶応義塾出版社刊『小学農課書』の著者の緒言を引用してみる。尾崎はのちに憲政の神様と称される政治家となるが、若いころは父親の尾崎行正と協力して明治一〇年に『山蚕或問』を刊行するなど父子揃って農業に関心をもっていた。本書では、日本農業は長い歴史をもっていたけれども、西洋では、「実学疾ク開ケ一事一物皆ナ其本源ニ遡テ其理由ヲ推究シ、農学亦数歩ヲ本邦ノ上ニ駕スルニ至レリ」「賢者是レニ因テ其概略ヲ領シ、益々進ンデ農学ノ蘊義ニ達シ、力ヲ我長所ニ致サバ庶幾ハ労費ヲ減ジテ収穫ヲ増シ、国家富栄ノ一助タラン歟《か》」と記した。

次に、工業分野についても、次の四件を例示してみる。

①明治五年刊三崎嘯輔著、観光塾刊『化学器械図説』の著者の緒言では、「皇国未ダ化学試験の書を記述する者なし」とし、本書は「僻境に住み或は洋書を播ざる輩は其器械を識らざるもの亦少からず。故に今初学必要の器械を図説し、其用法を約訳して化学器械図説と名け、先づ之を梓に上すれども、其意素《も》と普く世人をして其大要を知らしむるに在り」と記した。ちなみに三崎は、これより先、大阪開成学校でオランダ人教師ハラタマの指導を受けた洋学人材である。

②明治六年刊高瀬四郎訳刊『抄訳電信ばなし』。著者の序文では、「電信機ノ如キハ上下一般報急ノ便利ヲ達スルモノニシテ、方今開明ノ世、都鄙トナク一日欠ク可ラザルモノ」とその効用を説き、「之ニ因テ蒙昧ノ民少シク其理ヲ解スルヿアラバ、余ガ報国ノ微衷何ヲ以テ之ニ加ヘン哉」と記した。

③明治七年刊宮崎柳条著、清風閣刊『百工機械新書』の著者の例言の中には、「識者曰ク、富国ノ策ハ理化器三学ニ在ト」「庶幾《こいねがわく》ハ初学此書ニ就テ大意ヲ悟リ、夷《やすき》ヨリ険ニ入ラバ開知ノ為ニ小補アラン歟」とある。宮崎は独学で西洋の工術を学び、明治一四年までに五冊の工業啓蒙書を著述した先覚者であって、本書はその中の一冊である。

④明治九年刊ラウル（英）著、岡道亮訳刊『訓蒙罫画法』の訳者の緒言の中には、「罫画ノ学タル幾何ノ定則ヲ図画ノ法ニ寓シ、規矩ヲ運用スル間ニ於テ、形態自然ノ理数ヲ習熟セシムル者ニシテ、啻ニ測量工芸ノ学ニ於テ欠クベカラザル」ものであるため、「世ニ罫画ノ法ヲ学ブ者亦益ヲ此書ニ得ルヿアランヿヲ庶幾ス」と記している。

最後に、商業分野についても、同じように四件だけ例示してみる。

①明治三年刊チューソン（英）著、福地源一郎訳、北門社刊『英国商法』に注目したい。福地は欧米の事情をよく知る知識人として多数の啓蒙書をものしているが、この書に寄せた山東一郎の序の中に福地の真意を伝える一文がある。「西洋各国皆ナ通商ノ条規アリ。即チ商民并商務司の遵守スベキ法ニシテ蓋シ各国人民ノ共好スル所ヲ以テ権衡ヲ為セルモノナリ……福地氏ノ是訳ニ従事スルモ蓋シ其意ノ在ル所ハ、我国ノ人ヲシテ彼国ノ商法ヲ観摩シ、富有ノ要術ヲ得テ以テ国益ヲ増起シ、洋人ヲシテ独リ其利ヲ占断シ恣睢ニ任セザラシメンヲ欲スルガ為ナリ」と。

②明治七年刊ウェイランド（米）著、何礼之訳、盈科斎刊『世渡の杖』の訳者の緒言には、「世渡の道は経済より先なるは無し。人能く此道を悟る時は、家富、身豊にして心情亦従て安静なり。智識の開明、風俗の淳美より国の殷

富強盛、職として之に由らざるなし。今我国駸々として富強の域に進み、人々其道を履み行わんとするに当りて道しるべなかるべからず」と記している。

③明治八年刊ブラヲン（米）著、久保扶桑訳、和泉屋金右衛門刊『商家必携』に寄せた前島密の序文には、「請ふ、天下の商者知識の門を茲に開き、終に商の国力に関し経済上の要部たるべき理を明にし、以て富強の基礎を建て、亜細亜古来の陋習を脱せば大に国家の幸福なりと、聊か所思を筆して序言とす」と結んでいる。

④明治一〇年刊ジョフラ（仏）著、古沢滋ほか訳、大蔵省刊『経済要説』には、当時大蔵卿の職にあった大隈重信の序がつけられていて、「経済の道、其の方を得れば、則ち民力殖えて国用足る。苟も其の法を失へば、則ち止《ただ》に民力の困敝するのみならず、国用も亦た因りて以て匱乏す。甚だしいかな、経済の以て講ぜざるべからざるや……此の書は、瑣瑣たる小冊子なりと雖も、亦た安《な》んぞ惓惓《けんけん》たらざるを得んや」（原漢文）と記している。

3　軍学連携論

近代日本の国家富強論は、まず産業開発に力点が置かれたことを産業開化論の展開を事例にして上に述べてきた。それとともに、軍事強化論も産業開化論ほど強力ではなかったけれども、それと連動して動き出した。産業系と軍事系の行政は別系統でスタートしていて、すでに早く一八六九（明治二）年に大村益次郎によって兵部省が設けられ、一八七二（明治五）年には陸軍省と海軍省に分けられている。幕末期の外交関係から前者はフランスをモデルとして主として造兵事業を、後者はイギリスをモデルとして主として造船事業に着手するとともに、陸軍兵学寮と海軍兵学寮で人材養成を開始した。

もともと日本の国家富強は、富国と強兵とを一体にした政策であったため、行政機構を異にするとはいえ、いつでも抵抗なしに連帯できるものであって、この点では世界の他の国と変わりはない。本書では、富国のための産業教育を主題にしていて、そのための学校教育の展開を詳述することにするが、あらかじめこの軍学連携の問題にも言及しておきたい。軍学連携論を基底にしていたことは、今日では大きな問題ではあるが、産業教育のもつそのことの宿命を見逃すことはできないからである。それを超克することもまた産業教育学にとって重要な課題となる。

日本の近代学校の中で最も早くから、かつ緊密な軍事連携をしたのは、東京帝国大学である。早くも一八七六（明治九）年に同学の前身校である東京開成学校時代に海軍省の依頼を受けて横須賀造船所の予科生徒二二名を受け入れている。その後、研究教育の面での軍事関係学科の開設が進み、一八八四（明治一七）年には造船学科が、一八八七（明治二〇）年には造兵学科と火薬学科が設けられた。さらに一九一八（大正七）年になると航空学科が加わった。その間、陸海軍の側から学生教育の依頼を受けて、例えば一八九七（明治三〇）年には海軍が一定の学費を払って入学させる「工科学生」を受け入れたし、一九〇〇（明治三三）年には「陸軍砲工学校員外生徒」を大学の定員外として受け入れた。一九三九（昭和一四）年までに前者は三〇一名、後者は一七〇名に達し、多くは技術士官として軍の要務を果たした。

もとは工部省の工部大学校として東京大学と別系統の学校であったものが、一八八六（明治一九）年に帝国大学工科大学の中に併入されたが、工部大学校時代の卒業生の中にも軍事関係で業績を収めた人たちがいた。例えば、魚形水雷の発明者貴志泰（工部大学校三回生）、海軍大技士内藤政共（同）、戦艦設計者近藤基樹（五回生）、海軍工務監吉村長作（同）、下瀬火薬の発明者下瀬雅允（六回生）などである。

東京大学と並ぶもう一つの近代学校である札幌農学校もまた軍事訓練を導入した。開拓使の長官であった黒田清隆は幕末薩摩藩の軍事指揮者であり、維新後の一時期兵部大丞の任についた。開拓使長官となると農学校設立の準備をかねて渡米しマサチューセッツ農科大学長のクラークを教頭として雇い入れた。クラークもまた南北戦争に従軍して大佐となった経歴の持ち主であった。クラークは札幌農学校に軍事教練を入れることを提案し、ロシアから北辺を警護することを目的の一つにしていた黒田もこれを受け入れた。その間に何ら意見の齟齬はなかった。

その後、国民皆兵の思想が浸透しはじめると、初代文部大臣森有礼はまず師範学校に兵式体操を導入し、さらに学校教育全体の軍事化が進み、一九二五（大正一四）年には官公立の大学予科、高等学校、専門学校、師範学校および徴兵令によって認可された私立学校に配属将校が配置されて教練が実施された。

産業系学校における軍学連携は、第二次大戦に向けて、工業分野における航空機産業への協力から始まった。一九四二（昭和一七）年現在、七帝大のうち、東京、京都、東北、九州、大阪の五帝大と、東京工業大学に、また官立工業専門学校の中の名古屋、横浜、浜松の三校に航空学科が設けられていた。民間機の技術は軍用機への転換は容易であった。この昭和一七年には、東京帝国大学に陸海軍の支援によって千葉市に第二工学部が設けられたことも注目される。一〇学科で編成され、その中には航空機体学科や航空原動機学科などが含まれていた。

第二次大戦末期になると、軍事産業の必要に応じて、産業系の特に工業教育が急変して産業教育構造が転換した。「国敗れて何が学校ぞ」と、学校側も積極的に協力した。国策に従って学校改革についての多数の申請書が出されているけれども、そこにはもはや教育の論理は見られない。例示したらきりがないが、以下に四件だけ挙げてみる。

その一。一九四三(昭和一八)年に愛知県立高等工業学校の設置に際し、愛知県知事の出した申請書の中の理由書には、「速カニ科学技術ヲ振興シテ国防産業ノ強化拡充ヲ図リ、以テ皇国未曾有ノ難関ヲ突破スルコトコソ真ニ我国刻下ノ緊急要務ナリ……此ノ要請ヲ充スルハ深遠ナル科学ニ立脚シタル高級技術者ノ育成ニ俟ツモノ極メテ大ナリ」とある(『文部省文書』「設置・廃止に関する許認可文書愛知県立工業専門学校」)。

その二。一九四四(昭和一九)年に兵庫県立工業専門学校の設置に際し、兵庫県知事の出した申請書の中の理由書には、「大東亜戦争完遂ノ歴史的使命達成ニ当リ、科学技術ノ全面的昂揚ト工業教育ノ飛躍的拡充トハ刻下ノ急務ナリト云フベシ。近時此種施設ノ量的充実ニハ見ルベキモノアリト雖モ、質的方面ヨリスレバ将来斯界ノ第一線指導者タルベキ高級工業技術者並ニ科学者ノ育成ニ関シテハ一層充実スルノ要アリ」という(同上文書兵庫県立工業専門学校)。

その三。以上の二校は、伝統のある官立の高等工業学校の存在する都市に、さらに公立のそれをつけ加えた企図である。文中のこの種の施設の量的充実とは、特に中等工業学校の拡充を意味しているが、これに加えて私立の高等工業学校の新設も含まれている。以下にその二校の私立校について見ると、まずはキリスト教系の青山学院工業専門学校の創設に際して青山学院院長の上申書の中の理由書には、「現時局下国家最大ノ急務ナル航空機ノ増産及建設工業ニ従事スベキ技術戦士並ニ工業ノ基礎研究ニ従事セントスル者ノ育成ニ微力ヲ致サントス」とある(同上文書青山学院工業専門学校)。名門のキリスト教系私学がここまで踏み込んで軍学連携に舵を切ったことに注目したい。

その四。この時期、商業学校が工業学校に転換した事例が相次ぐが、その事例として一九四四(昭和一九)年に、一九四一(昭和一六)年創立の法人立福知山商業専門学校が福知山工業専門学校に転換した際の申請書中の「設立ノ目的」の中では、「今ヤ我国ハ総力ヲ傾注シテ大東亜戦争必勝ト大東亜新秩序共栄圏ノ建設ニ邁進シツツアルノ秋、コノ大原動力タル生産戦線ニ送ルベキ各種工業技術者ノ養成コソ実ニ喫緊不可欠ノコトニ属ス」と記している。（同上文書福知山工業専門学校）。

以上は工業教育の事例であるが、農業や商業の世界にも影響が及んだ。農業教育では、例えば満蒙移民のための拓殖教育がおこなわれた。一九三一（昭和六）年の満州事変を契機に日本の支配地となった満蒙地方での開拓移民の教育がなされ、農業教育の先進県である長野県では一九三二（昭和七）年に四千家族二万人を移住させて信濃村を作る計画を発表した。学校教育もそれにこたえて拓殖教育に取り組んだ。商業教育は、統制経済のもとでそれまでの自由な営業活動が不可能となったため、多くの商業学校は工業学校に転換させられた。

軍学連携はひとり産業教育に限るものではなく日本の学校教育全般に及んだ。いうところの軍国主義教育である。しかし、特に工業教育においてはそのことが顕著に進行したため、戦後の教育学者が産業教育の問題を忌避する一因をなしている。今日でも、防衛省から大学に対して技術提携の要請があると聞く。産業教育学にとっては避けて通ることのできない重要課題であるが、要は学の側からの主体性と倫理性が問われる。のちに言及したいと思う。

4　産学連携論

戦後の日本ではアメリカ占領軍によって軍事産業が禁止され、教育界でもまた軍との関係は批判の的とされて軍学連携は論外とされた。産業界との関係もまた企業は利潤追求を目的としているがゆえに教育にはそぐはないという教育界の抵抗があって産業界からの要請を警戒してきた。しかし、年がたつにつれて、産業教育の振興が課題となると、むしろ教育と産業は連携すべきであるという産学連携論が双方の世界で容認され、今日ではむしろそのことが好ましいこととされるようになった。

そこで日本の産学連携の歴史を回顧してみると、この関係が極めて緊密であったことがわかる。その緊密さは敗戦直前の軍学連携に比べれば、歴史は古く実績は大きい。この連携には次の三つのパターンを識別することができる。即ちその一は、産業界の主導によって産業系学校が誕生したことであり、その二は、その学校は産業界の要請にこたえたことであり、その三は、理想的な産学連携の実践例が存在することである。以下にそれぞれのパターンの事例校を挙げてみる。

第一の、産業界の要請による学校の誕生については三種の学校を例示する。

窯業学校―愛知県の窯業地である瀬戸と常滑に設けられた窯業学校は地元の窯業家たちの始めた研究会が起源となった。まず、一八八三（明治一六）年に常滑の有力業者が動き出して常滑美術研究所を設け、内藤陽三、寺内信一といった東京の学卒人材を迎えて指導に当らせた。その翌年には瀬戸の窯業者たちも発起人となって、瀬戸金と称した別途共有金を使って加藤五助の工場で研究会を立ち上げた。二つの当業者研究会は新しい技術の修得を目ざしていたので、やがてそこでの指導を組織化して講習会にし、さらに学校へと変えた。一八九五（明治二八）年には両所に町立の陶器学校が生まれ、瀬戸は愛知県窯業学校に、常滑は愛知県常滑工業学校へ発展した。特に瀬戸のそれは、東京高等工業学校卒業の北村弥一郎や黒田政憲といったこの分野の権威ある学者が校長をつとめ、窯業教育の模範校となった。

織維学校―蚕糸紡織の織物工業分野でも地元業者の手によって学校が設けられた。例えば、足利、桐生、伊勢崎、八王子などの業界団体（のち組合）では染と織の近代技術を学ぶため講習会を開設し、その中から栃木県立足利工業学校や東京府立八王子工業学校が生まれた。足利織物講習所の前身は、一八七六（明治九）年に地元業者による染色研究所に端を発し、斯界の権威山岡次郎を教師に迎え、一八八五（明治一八）年に足利織物講習所と名を変えた。それから二年後に開所した八王子織物染色講習所もまた山岡が教師になり、その開所式には名士四百人、見物人三千人が集ったという。地元業者の期待の高さがうかがわれる。

商業学校―地元商業界の自発的発起や支援によって設けられた商業学校の数は多い。例えば、一八八一（明治一四）年創立の横浜商法講習所（のちの市立横浜商業学校）は、横浜貿易商組合員二八名が発起人となって、福沢諭吉に依頼し福沢の門下生美沢進を推薦してもらい開校した。美沢は創意をこらした学校経営をなしたため、同校はY商のニックネームで地元民に愛された。あるいは、一八八三（明治一六）年創立の北越商工会附属商業学校（のちの県立新潟商業学校）は、県内七〇余名の有力商人を発起人とする北越興商会（のちの新潟商工会議所）によって設けられた。その校長には東京商法講習所での矢野二郎校長の門下生である斎藤軍八郎が就任した。

第二の、学校が産業界の要請にこたえたパターンとしては、東京農業大学が注目される。同校の沿革史は変化にみちたものである。榎本武揚を中心に発足した奨学団体である徳川育英会の設けた育英黌に農学科が設けられのは一八九一（明治二四）年のことであるが、財政面で経営困難に陥ったとき、一八九七（明治三〇）年に農業者団体である大日本農会に譲渡された。以後、大日本農会附属東京農学校、大日本農会附属私立高等農学校と名を変え、中等学校から専門学校に昇格し、一九一一（明治四四）年には「専門学校令」の適用下の東京農業大学と名称変更した。一九二五（大正一四）年になると「大学令」による正規の東京農業大学となり、このとき法制上の規定に従って農会立から財団法人立となったが、理事の多くは大日本農会の関係者によって占められた。

この昇格の間の校長、学長をつとめたのは後述する農業教育論のリーダー横井時敬であった。横井は同校を中等段階から大学段階にまでの上昇化を果たすとともに、農業界の必要や要望に応じて絶えず下降化することに心がけた、横井が会長をつとめる農業教育研究会と農業大学とが共催する夏期講習会は一九〇八（明治四一）年から一九三七（昭和一二）年まで二〇回を数えたし、農商務省委託の開墾及耕地整理技術員講習会や東京肥料分析講習などを引き受けた。さらに重要なものは、横井の発案による軍隊農事講習であって、在京の農村出身兵士に農業精神を自覚させることを目的としたもので、受講者は一九三八（昭和一三）年までに近衛師団兵八千九百八十五名、第一師団兵五千三百一名の多きに達した。

東京農業大学は私立校であるが、官立や公立の産業系学校もまた地元の産業界の要望を受けて学校を開放した事例は多い。施設設備の公開とか公開授業など、いわゆる学校拡張もまた広い意味では産学連携と解釈が可能である。農工商から一校ずつ例示してみる。

農業では、福井県立小浜水産学校の場合、一九〇七（明治四〇）年から学則によって県下の漁村において、地方に必要な漁撈、製造、養殖業について短期の講習を実施し、一九二〇（大正五）年の報告書によれば、その回数二九、修了生千三百七十名になったという。その報告書の中には、「水産当事者ト常ニ密接ノ関係ヲ保タンコトヲ期セリ」と記されている（『福井県立小浜水産学校成績摘要大正五年七月』）。この地方出張講習はその後も続いた。

工業では、広島高等工業学校における川口虎雄校長の実践が注目される。一九二一（大正一〇）年の開校式のとき、川口は地元新聞記者に対して「学校が為し得る範囲内に於て地方工業の発展に微力を尽す」と明言した。当時の広島県には、呉に巨大な海軍工廠があり、地場産業としては針、やすり、ゴム、コルク、紙、シリンダーなどの生産が活況を見せていた。一〇年後の一九三〇（昭和五）年の報告書では外部依託による指導の件数はその年だけでも六八件二五八個に達した。連日、製品試験の依頼、調査研究の依頼、講演の依頼、紹介の依頼などに応じ、地方実業家との接触を図り、地方開発に助力したと記している（『広島大学工学部五十年史』財界評論社、一九七〇年）。また学校の公開は手島精一の東京高等工業学校などに先例はあるけれども、川口も開校式を例年行事にし、一九二七（昭和二）年の「御大典記念工業展覧会」では三万二千人が観覧したという。

商業では、一九〇五（明治三八）年に設置認可された長崎高等商業学校を例にあげる。東京、神戸に続く伝統ある高等商業であってアジア大陸との貿易実務教育と留学生受け入れなどに実績のある名門校である。同校は多くの点で神戸高商をモデルにし、その一つとして夜学講習をおこなった。一九一九（大正八）年に地元の実業家の寄付によって研究館を設けたことに端を発し、そこを研究拠点にするとともに講習や講演の事業を進めた。一九二〇（大正九）年に定めた「講習及講演規則」では、「本校ハ研究館ニ於テ主トシテ実務ニ従事スルモノ、為ニ商業上必要ナル諸学科ヲ修得セシムル目的ヲ以テ定期講習及特別講演ヲ行フ」として、毎年春（四月中旬〜七月上旬）、秋（十一月中旬〜十二月中旬）、冬（一月中旬〜三月中旬）の三期に分け、各期にそれぞれ五週間をあて、各期に三科目（一科目二十時間）を開講する夜間授業をおこなった。受講資格は中等学校卒業程度とし、一五科目以上の学力試験合格者には夜間講習卒業証書を授与した。その証書は職場における昇進や昇給にも役立ったという（『長崎高等商業学校三十年史』一九三五年）。ちなみに、神戸高商では、一九二〇（大正九）年から夜学部が設けられ、一九三六（昭和一一）年には夏期講習会を開始している。

第三のパターンは、今日から見ても理想的な産学連携であって、東京府立職工学校の「適材教育」論と京都府立京都農林学校の「三鼎教育」論を例示する。

適材教育は、一九〇五（明治三八）年に東京商業会議所会頭中野武営の発案により東京高等工業学校長手島精一と協議のうえ企画された。芝浦製作所、石川島造船所、東京瓦斯株式会社、青木染工場の経営者が賛同して、自己の工場の発達上必要な人材を育てるため、職工中の適材を、当該工場の費用をもって東京府立職工学校に入学させて技術に関する学科と修身上の教育を受けさせることにした。その指導は手島の門下の今景彦校長が引き受けた。今は師範学校卒業後東京工業学校に入学し、卒業後は同校の助教授として手島の薫陶を受けた工業教育家であった。東京府立職工学校の発表した「職工の適材教育」と題する文書では、その企画の内容を紹介し、「之れによりて起る所の効果を当該工場の事業に収めんとするものなり」と記している（『教育時論』第八五六号、一九〇九年）。

三鼎教育は、京都府において、農会と農事試験場と農学校の三者が相互に連携して農業教育の振興を図ったことに対して名づけられた。明治維新後の京都府は槇村正直知事の進めた農工商三業の鼎立による勧業策が展開したが、ここでいう三業はそのうちの農業分野に当てはまる。一八九〇（明治二三）年ごろ勧業に熱心な北垣国道知事によって農商務省の甲部農事巡回教師による巡回講話が開始され、一八九三（明治二六）年になると府下の各地に農事講習所が開設された。これを支援したのは、日本最初の系統農会と称される京都府農会とその下部組織としての郡農会であった。

しかしこの農事講習は期間が短く不十分であるとの不満が生じたので、当時農事巡回教師をしていた佐藤義長は、一八九五（明治二八）年京都府会の賛同をとりつけて文部省の「簡易農学校規程」による簡易農学校の設置にこぎつけた。敷地は農会と農事試験場に隣接し、三者間の人事の交流もなした。農商務省系とか文部省系とかの縄張り争いも生じなかった。その初代校長となった佐藤は、一九〇一(明治三四)年の開校記念式の中で、「今や斯の三種の機関は府下農業界の為め鼎立して此所に在り」と自賛した(『京都府農会報告』第一一二号、一九〇一年)。佐藤義長はこののち盛岡高等農林学校長、宇都宮高等農林学校長をつとめ、彼の農業教育論は斯界の指導的役割を果たした。

第四章　戦前期の産業教育政策論

1　国家の産業教育振興論

明治新政府の政策課題として、国家富強論と産業開化論が重要であったことについては前述した。その際、国家がその政策を主導すべきだということも共通の認識となった。例えば、民部省の上級官僚であり、のち日本の鉄道事業の創業者となる前島密は、一八七〇（明治三）年の上申書の中で、「政府厳師トナリテコレガ方法ヲ授ケ、コレガ道理ヲ教へ、以テ衆ノ力ヲ合セ、至便至利ノ工ヲ興サシムベシ」と記した（『日本国有鉄道百年史』第一巻、一九六九年）。他にも政府の主導を説いた言辞は多い。

新政府は、先進西洋に範をとって各方面の行政機関を新設して、それぞれに政策課題の解決に乗り出した。当初、各省は多数のお雇い外国人の力を借りたが、多額の給料を支払うことに限界があったため、彼らに代わる日本人の技術者を養成することを喫緊の課題とした。そこで、政府の各省は西洋をモデルにした学校を設け、日本人の人材育成に着手した。その学校も、はじめは外国人教師の指導に頼らざるを得なかったけれども、学卒人材に留学体験を得させるなどして、教授陣の自立化を進めた。学校信仰は、特別の理論的根拠があったわけではなく、後進日本に自然発生した思想であって、政府も人民も学校をあてにし、ためにした。

学校行政を管掌する部局として、一八七一（明治四）年七月に文部省が設けられた。旧幕時代には大学頭《かみ》が学政と学問の二重の支配権を掌握していたが、そのうちの学政を国家の行政機関に帰属させ、その権限の範囲を大学・中学・小学の全般に拡張した。ちなみに、文部省創置の「太政官達」では、「大学ヲ廃シ文部省ヲ被置候事」とあり、その長官である文部卿の職制では「掌総判教育事務、管大中小学校」とある。のちに文部大臣や東京帝国大学総長をつとめることになる浜尾新は一八七二（明治五）年七月の建議書の中で、「自古、天下国家ノ盛衰隆替スル所以、人材ノ有無ニ由ラザルヿ無シ。而テ人材ヲ教育スルハ学校ニ非レバ則チ能ハズ」と、文部行政の中核に学校をすえた（『太政類典』第二編第二四五巻）。同年八月に頒布された初の近代教育法である「学制」では、「全国ノ学政ハ之ヲ文部一省ニ統《す》ブ」と定め、一八七九（明治一二）年の「教育令」では、「全国ノ教育事務ハ文部卿之ヲ統摂ス」と定めた。

ところが、文部省のこの基本方針に反して国家の産業教育振興論は、政府の他の省においても重視され、文部省より先に、あるいはそれと並行して政策化された。陸海軍の学校は別にして、農工商の学校は文部省の建前とした学政一元化の埒外において実現した。工部省の工部大学校、内務省の駒場農学校、開拓使の札幌農学校などはその代表例である。

一八七〇（明治三）年閏一〇月に設けられた工部省は、長州ファイブの一人山尾庸三が翌年四月に上申書を出し、彼とゆかりのあるグラスゴーからダイアーを長とするイギリス人教師を雇い入れて、学理と実地を組み合わせて工業人材を養成する、当時の世界でもトップレベルのエンジニア教育の創始に成功した。

一八七三（明治六）年一一月に創置された内務省は、民業育成に力を入れ、勧業寮を中心に農工商の業を勧めて、その一環として駒場農学校を設けた。初めはイギリス人教師を雇い、のちドイツ人教師に交代させて、農界で活躍する多数の人材を育てた。

一八八一（明治一四）年に発足した農商務省は内務省の勧業政策を引き継ぎ、さらにその業務を拡張した。その職制の中には、官設および民立の農商工の諸学校を管理するという、主務省管理の方針を打ち出した。駒場農学校は当然として、一八八一（明治一四）年には、当時東京府の所轄していた商法講習所に対して補助金交付を始め、一八八四（明治一七）年にはそれを自省の管理に移した。一八八二（明治一五）年六月には開拓使の札幌農学校を管理し、同年一二月には新たに東京山林学校を開設した。

農商務省の一連の施策は、当然学政一元化を建て前とする文部省との衝突を余儀なくされた。早くも一八八一（明治一四）年には文部卿の福岡孝弟は太政官に宛てて農商務省の職制の変更を求めた。これに対する農商務省の反論は、「農商工教育ノ事タルヤ彼ノ事理ヲ要スル法文学ノ如キト異ナルモノニシテ、能ク其事業及ビ土地ノ情況ヲ観察シ務メテ実際適切ノ方法ヲ施行スルヲ要ス。故ニ夫ノ欧洲各国ニ於テモ未ダ商工務ヲ主管スルノ官署アラザルハ姑ク文部省又ハ内務省ノ統理ニ付スルト雖モ、仏普澳等ノ如キ皆其主務ノ省ニ属スルノ制タリ」と、主務省管理の有利さを主張した（『公文録農商務省之部』明治一五年四月）。

この農商務省の主張は、産業教育論としては重要な論点を含んでいた。その後文部省はくり返して上申をして、その中で、「元来教育ハ何学ヲ問ハズ、理論ニ因テ学術ノ原則ヲ授ケ、実業ニ就テ其応用ヲ教ヘ、理論実業相俟テ然ル後其目的ヲ達スルモノニシテ畢竟理論ト云ヒ実地ト云フモ全然相離ルベキニアラズ」という。この学理と実地の関係は本書で追求すべき課題となる。

文部省は、農商務省との確執を経て、徐々に失地回復して産業教育の支配権を確立していった。一八八五（明治一八）年に内閣制度が発足し、初代文部大臣に森有礼が就任したことが転機となった。まず最初の着手は、内閣発足時に廃省となった工部省の工部大学校の管轄を握ることであって、自省の東京大学に工芸学部を設けてそれと併合することにより、一八八六（明治一九）年創立の帝国大学の中に工科大学を設けることに成功した。

農商務省の所轄になっていた駒場農学校はその後同省の設けた東京山林学校と合併のうえ東京農林学校と名を変えていたが、文部省は一八九〇（明治二三）年に強引な手法で帝国大学農科大学にした。

東京商法講習所は、その後曲折の末に農商務省の東京商業学校と名称変更した。文部省はこれに対抗して、一八八四（明治一七）年に東京外国語学校の中に高等商業学校を設け、翌年農商務省所轄校と合併させて、改めて文部省所轄の東京商業学校にし、一八八七（明治二〇）年にこれを高等商業学校と改称した。のちの一橋大学の母体となる東京高等商業学校がここに誕生することになった。

難航したのは札幌農学校である。行政改革の一環として一八八二（明治一五）年に開拓使が廃省になったあと一時期農商務省が所轄していたが、一八八六（明治一九）年に北海道庁の新設とともに道庁立とされた。ようやく一八九五（明治二八）年に文部省に移管されたのち、東北帝国大学農科大学を経て、その後北海道帝国大学農科大学となった。

かくして、産業教育は、文部省の学校体系の中に包括され、国家の産業教育振興策は学政一元化論によって動かされた。とりわけ、帝国大学がその中に組み込まれたことは、世界に類例の少ないことである。そのことを日本の成功と見るか、逸脱と見るかは意見の分かれるところである。世界では、未だに主務省が自省の実務にたけた人材を自家養成している国があるからである。日本でも、戦前には、水産講習所は農林省、二校の高等商船学校と七校の中等商船学校は逓信省の所轄であり、また、戦後の公共職業訓練校は厚生労働省の所轄下にある。この中で特に注目したいのは、公共職業訓練の側から、学校中心の産業教育に対してその限界を指摘する声が出ていることであって、小学校から大学に至る文部省の人間形成の論理に、職業訓練論ははみ出すのではないかという疑念である。これについてはのちに詳しく述べることにする。

2　地域の産業教育振興論

国家富強の文教政策には、国民皆学論と産業振興論が二本の柱となっていた。明治のはじめ、木戸孝允は朝廷への建白書の中で、「国之富強は人民之富強にして、一般之人民無識貧弱之境を不能離《はなれあたわざる》ときは、王政維新之美名も到底属空名」と国民皆学の方針を訴えた（『木戸孝允文書』第八巻、一九三一年）。これにこたえて各府県では学事奨励の示論書を発して、厚く小学校の普及に力を注いだ。

これに対して産業振興は、上述してきたように、文部省より主務省が主導的役割を果たした。地域において最も早くから、まだ主務省支配の及ばぬ一八六九（明治二）年から勧業方《がた》を設けて、地域産業の振興を進めたのは槇村正直率いる京都府であった。一八七一（明治四）年には勧業場を開き、それから三年後の同場の事業は一九種にまで及んだ。その中には、舎密所（局）、牧畜場、養蚕所、栽培試験場などを含み、牧畜場ではアメリカ人ウィードを雇って農学の講義を開始し、一八七六（明治九）年には京都府農牧学校と改称した（『内閣文庫府県史料京都府』）。

各府県では、学事行政を担当する学務課とは別に、殖産興業を担当する勧業課を設けて、特に農事講習に力を入れ、それが学校形態に改められると学事行政に移管された。一例を広島県にとってみる。一八七六（明治九）年に勧業課を設けて、同年に第二課と改めて勧業、勧商、勧工、鉱山の四係に編成した。一八七七（明治一〇）年には各大区会議所の中に勧業掛を置き、その職務を「農工商ノ諸業ヲ勧奨シ、物産ヲ興シ、樹芸牧畜産業ノ方法ヲ立ツル事ヲ主管ス」と定めた。一八七八（明治一一）年に第二課を勧業課の名称に戻し、その課長に津田仙の学農社出身の十文字信介を発令した。十文字は直ちに農事講習所を設け、一八八二（明治一五）年にそれを広島県農学校と改称したが、学事行政の側からの支援が得られず、一八八六（明治一九）年には廃校となった。

広島県より先に石川県では、一八七三（明治六）年に金沢勧業試験場を開設、三年後に石川県勧業場と改称して「農工ノ事業ヲ試験シ漸次民業ニ移スヲ以テ目的トシ、之ガ教員ヲ養成スル所」とした。翌一八七七（明治一〇）年には本場内に農事講習所を設け、ここでも学農社出身の渡辺譲三郎を教師にした。この講習所は一八八六（明治一九）年に石川県農学校となり、勧業行政から学事行政に移され、石川県立松任農学校として発展した。

宮城県もまた、これと同じコースを辿った。一八七五（明治八）年の植物試験に端を発し、一八七九（明治一二）年に勧業試験場とし、一八八一（明治一四）年に農事講習所と名を変えて生徒の教育を開始して、それを母体にして一八八五（明治一八）年に宮城農学校とした。一時期、それが廃校論に見舞われ、県議会で廃校の決議がなされる直前にそれを救ったのは、広島県から転じて宮城県勧業課長として帰郷した十文字信介であった。同校は、石川県のそれと同じように、宮城県農学校として名門農業学校となった。

広島県と同じように、勧業施策から農学校へと発展したものの、廃校に追い込まれた例もある。岐阜、福岡、新潟の三県の場合がその例であって、福岡県の場合、一八七六（明治九）年に植物試験場を、一八七九（明治一二）年に勧業試験場を設け、一八八〇（明治一三）年に福岡県農学校を開校した。県立とした農学校は岐阜県とともに最初であった。その教師には最初学農社出身の吉田昌七郎が就任し、一八八二（明治一五）年には駒場農学校出身の学卒人材である横井時敬が教頭となって、それまでの勧農興産の従事者養成から農学の専門学校へと軌道修正を図ったが、県会での廃校論に抗しきれず、一八八七（明治二〇）年には廃校となった。県会での意見では「其効其費ヲ償フニ足ラズ」とある。ちなみに、勧業施策の先駆を切った前述の京都府農牧学校は、すでに早く一八七九（明治一二）年に廃校になっている。

中央において文部省と農商務省との間に産業教育の主管をめぐる係争が生じたことについては前述したが、地域としてもその対応に苦慮した。文部省は太政官に対する第四回目の上稟に際して、山梨県令の困惑を例に出している。県としては、学校の設置廃止は文部省の認可を必要とするものと理解しているが、農商工の学校のみは農商務省の監督に属すると解すべきかどうか指示して欲しいというのが県令の伺書である。これを例示したうえで、文部省は、「学政統一ノ利弊得失ハ既ニ数回ノ上稟書ニ縷陳セシ如ク、果シテ全国ノ教育事務ヲシテ一省ノ主管ニ帰セシムルハ学政上ニ於テモ理財上ニ於テモ其利便勝テ言フベカラズ候」と訴えた（『公文録文部省之部』明治一五年）。

福岡県において横井時敬の目ざした学校教育としての農学校は、多くの府県がそうであるように明治三〇年ごろから緒につく。福岡県では、一九〇〇（明治三三）年に県立の福岡農学校が設けられ、その後は地域サイドの事情に配慮した郡立校が相次ぎ、郡制廃止の一九二三（大正一二）年に県立に移管されるまでの郡立農学校は一三校に達した。

中には、勧業と学事との間の調整を図った県もある。島根県がその例であって、一八九四（明治二七）年に農商務省の定めた「農事講習所規程」に基づき一八九六（明治二九）年に開設された農事試験場内に、その翌年、島根県農事講習所を設けて地方勧業費による農事講習を開始した。いっぽう「農事講習所規程」と同じ年に文部省側は「簡易農学校規程」を定めていて、県としてはこれに準じて一九〇〇（明治三三）年に県立農事試験場の近傍に島根県立農林学校を設けたため農事講習所と重複することになった。その三年後には農事講習所を廃止したが、農事試験場にはそれ自体の教育的事業が残されていて、見習生制度、実習生制度、研究生制度というような形で継続していった（『島根県農事試験場100年史』一九七九年）。農林学校長をつとめた草場栄喜は、その後県の農務課長兼農事試験場長となり、両者の共存共生を支援したが、農業教育の主役を学事行政の農学校が果たすことになるのは、他府県と同じである。ただし、この時期まで、農商務省が中等の農業教育の主管にこだわったことは、それなりの論理があったことには注目すべきである。

明治初年には産業開化の啓蒙書が刊行されたことについては前述した。その中には、地方の勧業課による啓蒙的雑誌も含まれる。筆者が手に取って調べた限りでは、一八七八（明治一一）年には『宮城県勧業報告第一号』、『福島県勧業課第一回年報』、『福岡県勧業科第一回年報』が、七九年には『山梨県勧業報告第一号』、『兵庫県勧業報告第一号』が、八〇年には『広島県勧業雑報第一号』、『愛知県勧業雑誌第一号』が刊行されている。以降の年度については省略する。

一八八〇（明治一三）年という早い時期に農事講習所を岐阜県農学校と改称した岐阜県では、農学校設置の前年に『農事雑誌第一号』を、一八八一（明治一四）年には勧業課の手で『岐阜県勧業月報第一号』を刊行している。前者は農事講習所の教師が中心になって編集している。その教師となった志賀雷山は慶応義塾で英語を学んだ英語人材であってすでに多数の農業啓蒙書を著していた。後者は、勧業課員の編集したもので、その例言の中で、「此報告ハ専ラ管内農工商ノ景況ヲ載録シ、以テ執業者既往ノ実蹟ヲ通観シテ、将来ノ進路ヲ汎考セシムルノ便ヲ図リテ編纂ス」と記している。それまでは、「本県農学校印行ノ農事雑誌中一欄ヲ設ケ勧業報告ヲ記載」したけれども、それでは不十分であるのでこの月報を出すことにしたという。なお、この農学校はその後廃校となり、岐阜県立農林学校の設置は一九〇〇（明治三三）年を待つことになる。

3　実業教育の思想

文部省と農商務省との間の係争で露呈したのは、農商務省の所管は農工商と明確に区画していたのに対し、学政一元化を主張する文部省の側に産業教育に対する概念の混乱があり、無為無策の状況が続いていたことである。「学制」「教育令」に続いて、一八八〇（明治一三）年の「改正教育令」では、専門学校と並べて農学校、商業学校、職工学校などを挙げたが、翌年の「中学校教則大綱」では、土地の状況に応じて中学校の中に「農業、工業、商業等ノ専修科ヲ置クコトヲ得」とした。しかし、この中学校専修科は空文に帰していたので、文部省は一八八三（明治一六）年に「農学校通則」を、さらにその翌年には「商業学校通則」を定めたが、前述のように地方の勧業行政との確執もあって効果はあらわれなかった。

このような混迷の時期に、いわば救世主のようにあらわれたのは「実業教育」という思想であった。それにより勧業行政との間に一線を画すことができた。一八八六（明治一九）年に手島精一が『大日本教育会雑誌』や『教育時論』

に発表した「実業教育論」がそのけん引役を果たした。手島は後述するようにフィラデルフィアやパリなどの万国博に出張して世界の事情に精通していた。

手島の提唱する実業教育は、五種の実業学校から構成されていた。その一は、高等技芸学校で帝国大学工科大学がそれに相当する。その二は、中等実業学校であって、普通実業学校、織物学校、工業用美術学校の三種の学校、その三は、徒弟学校であって足利織物講習所など、その四は、夜学校、その五は、女子職業学校である。文部省が一八八一（明治一四）年に起死回生の一策として設けた東京職工学校が存在していたが、手島はのちにその校長となり、同校を高等工業、工業大学に昇格させることに寄与したことからもわかるように、工業教育を中心にした実業教育論ではあったが、このときの彼の提言は、宮沢康人によれば、「その後井上時代まで多くの論者によってくり返される主張の主なポイントがほぼ出そろっている」し、「これ以後の意見の一つの典型」となった（海後宗臣編『学校観の史的研究』講談社、一九七二年）。ここで特に指摘しておきたいことは実業教育に大学を含めていることである。

実業教育という新しい概念による法制化に寄与したのは、一八九三（明治二六）年に文部大臣に就任した井上毅であった。彼は一年五か月という短い在任期間中に、矢継早に関係法令を制定した。「実業教育費国庫補助法」「実業補習学校規程」「工業教員養成規程」「簡易農学校規程」「徒弟学校規程」である。特長としては、工業に力点が置かれていたことと、実業教育の程度を補習学校や徒弟学校の次元にまで下降させたことである。井上は、衆議院での答弁の中で、工業の実業教育は、「大将分ヲ拵ヘル」工科大学、「下士官伍長ヲ拵ヘル」工業学校、「兵卒ノ訓練ヲスル」工業補習学校の三層に区分し、その中の兵卒訓練の学校を重視した。この三層区分は、井上の畏友であった手島の提唱したもので、手島は一八九八（明治三一）年の論説の中で、「徒弟学校・補習学校は卒を作る所なり。東京・大阪両工業学校及び府県立工業学校の如きは下士官乃至士官等を作るもの、工科大学は佐官以上の将校を作る所と云ふ振合《ふりあい》なりとす」と記している（『工業雑誌』第八巻一四〇号、一八九八年）。

井上文政期に下降化した実業教育を上昇させるには二つの手だてが講じられた。

その第一は、それを専門学校にすることで、一九〇三（明治三六）年の菊池大麓文政期に「専門学校令」を公布したとき、それまでの「実業学校令」を改正して、高等の教育をなす実業学校を実業専門学校とした。ちなみに、一八九九（明治三二）年公布の「実業学校令」とそれに基づく「工業学校規程」「農業学校規程」「商業学校規程」では、これらの学校は中等学校として整備されていたのを、その一部を専門学校にしたのである。

その第二は、専門学校をさらに大学にしたことである。一九一八（大正七）年に原敬内閣の文部大臣となった実業界出身の中橋徳五郎は、「帝国大学令」とは別に「大学令」を公布し、官公私立の大学や単科の大学の設置を可能にするとともに、農工商の専門教育機関の大拡張を図った。これにより大学と称しつつもその実は専門学校であった私立大学は正規の大学となり、産業系の学部を設けることができるようになったし、単科の大学として東京商科大学、神戸商業大学、東京と大阪の工業大学、私立の東京農業大学などが生まれ、また専門学校の拡張により、高等工業学校のごときは八校から一八校に増やすことにした。

文部省は、一九一七（大正六）年から『実業学校一覧』と題する冊子を刊行し、第二次大戦中の一九四二（昭和一七）年まで継続した。その最終版を見ると、その構成は、実業専門学校（高等工業・高等農林・高等商業・高等商船・高等水産・私立実業専門の六種の学校）と実業学校（工業・農業・商業・水産・職業の五種の学校）に分けて現状や沿革などを一覧にしている。注目したいのは、官公私立の大学は除外されている。大学に付属する専門部なども含まれない。

この書の出版元は文部省実業学務局であって、文部省には別に専門学務局があったので、そちらに産業系の大学学部や専門部などを所轄させて、自局の管理する学校を実業学校と限定したことになる。実業教育の中から大学をはずしたことは、手島の提唱した実業教育論とは相いれないし、そのことが今日でも大きな難点となっている。のちに大学になる高等の産業教育機関は、主務省管理の専門教育からスタートしたこととも関係がありそうである。

4　実業学校生成論

明治三〇年代以降、文部省の進める実業教育政策は、中等実業学校と実業専門学校を二本の柱として強力に推進されて、それぞれの学校数をましていき、大きく膨張した。文部省としてはこれを管理するために、一八九八（明治三一）年に実業学務局を設け、小学校、中学校、高等学校、大学などを所轄する普通学務局および専門学務局とを並べて三部局体制を採用した。このことが、戦前期日本の二元的、複線的教育体系の原点となった。普通と専門の両学務局の管理する学校は、連続していて、試験の梯子段を昇りつめれば、小学校から帝国大学にまで進学することが可能であった。今は仮にこれを一般教育の系譜と称してみると、一般教育と実業教育は性格を異にしていて、両者の関連は薄いものとなった。そこには、二つの理由があった。その第一の理由は、実業教育の系譜は、学校自体が上昇化したり下降化したりしていわば自家培養によって学校数を増やしたのに対して、第二の理由は、一般教育の系譜の学校はそれぞれの役割を果たし、上級学校への進学の道を開いたけれども、学校自体が変容することはなかったことである。手島は実業教育を三層に区分したが、進学という点では三層間に柔軟性があった。以下に、日本の実業教育の系譜と普通教育の系譜のちがいを、四つの視点から例示してみる。

①上昇振興論―普通教育の世界では、それぞれの学校が、それより上位の学校に上昇することは少なかったが、実業教育の世界ではそのことが頻繁な現象となった。のちに大学に昇格した産業系の大学または学部は、いずれも元は小さな低度の教育から出発した。前述した宮城県や石川県の農学校も元は講習所から上昇した。この種の例はあげればきりがない。中には京都府や大阪府のように公立の農学校を公立の実業専門学校に昇格させた例もある。京都府の場合、一八九五（明治二八）年創立の簡易農学校が、その後府立農学校、府立農林学校と名を変え、敗戦直前には府立高等農林学校となった。

②下降振興論―駒場農学校を例にとると、帝国大学農科大学になって上昇化したものの、農事修学場時代に設けた試業科をはじめ乙科、のち実科と改めて温存したし、一八九九（明治三二）年には農業教員養成所を付設した。ただし、前者は一九三五（昭和一〇）年に東京高等農林学校に、後者は一九三七（昭和一二）年に東京農業教育専門学校として独立したため、この意味では一旦下降したものがのちに上昇したことになる。札幌農学校も紆余曲折ののち帝国大学となったが、大学予科、土木専門部、水産専門部を付属させていて、このうち水産専門部は一九三五（昭和一〇）年に函館高等水産学校として分離独立させた。いずれの帝国大学も下位の学校を育てたということになる。同じように、官立の実業専門学校も下位の学校を支援した。名古屋高等工業の附設高等夜学部、熊本高等工業の附属工学校、秋田鉱山専門の附属工学校、桐生高等工業の附属商工夜学部などその例は多い。

③上下併進論―上記の駒場と札幌の農学校は上昇化と下降化の両方のベクトルで動いた事例であるが、この種の上下併進の学校はほかにも多い。その代表例は、東京高等工業学校である。東京職工学校に端を発し、東京工業学校、

東京高等工業学校、東京工業大学と上昇を続けるとともに、手島精一校長の実業学校論に見られる大学から補習学校までを包括する思想どおりに、附属校として職工徒弟学校や工業補習学校という下方の学校を含み入れた総合学園となった。加えて工業教員養成所も付設した。ただし、手島の没後に工業大学になったときは、枝葉を切り落とし、工学部だけの裸の大学となった。

④上下連絡論―実業教育は袋小路の学校であったといわれる。小学校から帝国大学に至る道は、たとえ先端は細くなっても建前としては単線の一本道であった。実業教育はその一本道とは連結しないということが理由の一つであり、もう一つの理由は、たとえ上昇しようと下降しようと、そこで生まれた学校はそれ自体の教育を完結させて上方への連絡は絶たれていた、ということである。この袋小路批判は、戦後の日本で声高に叫ばれ、それを克服するために六・三・三・四の統一学校論が生まれた。

そこで筆者は、その袋小路批判を再吟味する必要があると考えた。結論を先取りしていえば、文部省の施策は確かに複線を原則にしていたけれども、実業学校の教育家たちは諸種の工夫をこらして、その建て前に風穴をあけていたことである。上下連絡の二つの風穴を例示してみる。

その一は、中等実業学校から実業専門学校への連絡である。専門学校は原則として中学校卒業者を入学させることになっていたが、神戸高等商業学校長水島鉄也は、商業学校卒業生を受け入れるため二部方式を案出した。つまり、就学年限一年の予科では、中学校卒業生と実業学校卒業生の入試を別にして、前者は中学校卒業の学力を、後者には実業学校卒業の学力を試験し、入学後は前者には実業系の未履修科目を、後者には中学系の未履修科目を重点的に学習させる方式である。この二部方式は小樽高商などでも採用されたし、工業分野でも京都の高等工芸では中卒者を原則としながらも工業学校卒業者に対しては別科（のち第二部）として受け入れた。

その二は、それより一段上の、実業専門学校から大学への連絡である。もともと帝国大学はその下の高等学校からの進学を原則としていたので「大学令」による新大学もその原則を踏襲した。東京帝大に学術面の対抗意識をもつ東京商科大は高等学校卒業者を優先させたが、東京工業大は独自な路線をとり、昇格当初の八〇％の入学者は実業専門学校卒業生であり、その後もおよそ五〇％は実業専門学校に開放した。神戸商業大の場合も高等商業からの入学生を受け入れた。大学昇格によって高商のなくなった神戸の地には、県立の神戸高等商業学校が設けられ、そこから神戸商大への進学の道を開いていて多い年には四〇名を数えた。その他の高等商業から神戸商大に入学する者もいて、一九四二（昭和一七）年には大分高商から一〇名が進学している。

産業系の実業教育は、学校それ自体が上に下へと拡張し、また下から上へと連絡して、大きな世界へと発展した。その最大の理由は産業教育が産業界に密着して産業界の要請に対応したためである。それは、一般教育の世界とは別系統で、別の性格をもっていた。そのことを差別と見なすことは容易であるが、産業国家として発展するための産業人材の教育にとっては、むしろ止むを得ぬこと、さらに言えば望ましいことと解釈することもできよう。世界の状況と戦後日本の統一学校の状況から見て、そのように考えるのである。

第五章　戦後期の産業教育政策論

1　アメリカの占領教育政策

ポツダム宣言受諾によって敗戦となった日本には、連合国軍が進駐してきて、マッカーサーの率いる総司令部によって、非軍事化とアメリカ方式の民主化が断行された。特に、財閥解体、農地改革、労働改革の三大改革がなされ、それについで教育改革も重視された。マッカーサーは、敗戦の翌年早々にアメリカの著名な教育家二七名を呼び寄せて改革の方針決定にあたらせ、わずか一か月の滞日ではあったが、同年三月には『米国教育使節団報告書』をまとめさせた。その際、日本側教育家二九名が協力した。

この報告書では、アメリカで三〇年近い歴史をもち、民主主義の原則が貫かれていると自他ともに評価した六・三・三の統一学校体系が勧告され、日本側の委員も戦前期の教育体系が複線型であったという反省も手伝ってこれに賛同した。その後、この方針にそって具体的な改革が急ピッチで進められた。占領軍の側では、全国の各地域および都道府県に設けた軍政部の教育担当官が指令指導にあたったし、日本側では使節団に協力した教育家によって教育刷新委員会（のち教育刷新審議会と改称）によって、「教育基本法」をはじめとして次々と改革案がまとめられて実施に移された、これにより戦後教育改革が進められたのである。

この改革を産業教育の面から見ると多くの不備が目立つようになった。まずあらわれたのは新制高等学校の問題であった。アメリカでは、六・三・三制のもとで普通教育としての職業教育がおこなわれていた。アメリカの職業教育史については、田代直人、田中喜美らの研究書が発刊されているが、筆者がここで注目したいのは、横尾恒隆著『アメリカにおける公教育としての職業教育の成立』（学文社、二〇一三年）と、氏の一連の論説である。それによれば、普通ハイ・スクールや総合的ハイ・スクールでは職業科目が多量に繰り込まれているため、特定の職業訓練のための特定の学校は少数であるという（『産業教育学研究』第二一号、一九九一年）。ジュニア・ハイ・スクールからの職業ガイダンスが徹底していることも知られている。

全般的には、地方軍政部の担当者の見解に若干のちがいはあったが、アメリカとしては新制高等学校に、男女共学、小学区制、総合制という高校三原則を適用した。そのことによって、戦前の農・工・商の実業学校は普通科と合体のうえ総合高校に吸収された。のちに述べるように愛知県のごときは、三原則が強行され、担当官の名をとってジョンソン旋風の中で高等学校の再編が進んだ。戦前の実業学校は職業科として旧来の中学校や高等女学校の昇格した普通科と合体させられれば、進学者の数は減少したし、加えて小学区制によって、独立高校としての存続が困難となった。中等産業教育の停滞状況が生じたのである。

難題は新制大学にも及んだ。旧制の専門学校は旧制の大学と同じように大学に昇格して制度上は均一化された。施設・設備や教授陣に特色を発揮していた実業専門学校もその中に巻き込まれることになり、新制大学の産業系学部は弱体のまま大学となり、旧制大学のそれとの間には大きな格差が生まれた。加えてアメリカの大学が実績を誇る一般教養教育が導入され、四年間の在学期間のうち一年半から二年間は教養課程とされたため、産業系学部の生命とも称すべき専門課程の比重が低下した。

ところが、一九五〇（昭和二五）年に朝鮮戦争が勃発すると、アメリカの対日政策は日本に軍事協力を求める方向に大きく転換した。この年、マッカーサーは第二次教育使節団を招き報告書をまとめさせた。戦争直後の民主化政策の欠落を補正するという意味で、重要な提案を含んでいて、日本の産業教育のその後の展開に新しい方針を打ち出した。その一節を引用してみると、「民主社会においては、高度の一般教育が重要なものである。しかし、この一般的文化的教育とともに、しっかりした職業教育計画がなければならない。日本は民主化を保障し、自給産業国を建設する熟練した技術者を必要としている。諸学校・諸大学の職業教育計画は大いに強化される必要がある」という（文部省『学制八十年史』一九五四年）。自給産業国家建設のためには熟練技術者が必要であるため職業教育計画を推進せよというこの勧告は、戦後日本の産業教育の指針となった。

日本側もこのことを自覚していて、この勧告の出る前年の一九四九（昭和二四）年の教育刷新委員会では、「あらゆる国民は職業によって各自の生活を営むとともに、社会国家の要請に寄与しゆかねばならないから、職業教育の重要なることは言をまたないところである。ことに産業を復興しわが国経済の自立を期することは新日本建設の上に最も肝要であって、職業教育振興の要、真に今日より急なるはなし」（同上）と建議していた。アメリカ教育使節団の報告書と軌を一にする見解であって、使節団はこのような日本国内の要請に呼応したものといえよう。

2 産業教育振興法

一九五一（昭和二六）年六月、「産業教育振興法」が公布された。日本の産業教育史に期を画する法律であって、それまでの実業教育に代わり産業教育がはじめて公用語となった。

法案審議の経緯については、佐藤史人の名古屋大学大学院生時代の論説が参考になる（『産業教育学研究』第二九巻一号、一九九九年ほか）。中心的役割を果たしたのは、連合国総司令部の民間情報教育局のネルソンと文部省職業教育課長杉江清の両名であった。アメリカのスミス・ヒューズ法（一九一七年）が参考にされ、法令の当初の名称は職業教育となっていたのを産業教育と変更し、議員立法の形で国会を通過した。関係団体の要請も受け入れて、学校教育を主体とする国庫補助法的な性格になった。

成立した法律では、産業教育とは、「中学校、高等学校、大学又は高等専門学校が、生徒又は学生等に対して、農業、工業、商業、水産業その他の産業に従事するために必要な知識、技能及び態度を習得させる目的をもって行う教育（家庭科教育を含む）をいう」とされた。このうち高等専門学校はのちに追加されたものである。スミス・ヒューズ法は、カレッジ以下の教育を対象にし、学校外の教育を含み入れていたことに比べると、本法は大学をその中に入れ、逆に学校外の教育への言及がないことなどが特長となった。特に大学を入れたことは、戦前の実業教育法制との大きなちがいとなった。このことは産業教育学にとっては重要問題であるのでのちに言及する。

この産業教育振興法に対しては法案段階から賛否の意見が出た。特に教育界から出た反対意見は強力であった。参考人意見聴取に出た日本教育学会会長の長田新は、同法は憲法および教育基本法に整合せず、しかも産業教育の偏重は教育財政面から見ても義務教育などの民主的教育への弊害となると主張した。日本教職員組合（日教組）のリーダーである槙枝元文もこれに同調して、企業的・打算的な考え方から出る法律は勤労に対する正しい信念を生み出せないと批判したし、ソビエト教育学のポリテフニズム（教育と労働の統一）を称揚する矢川徳光は、朝鮮戦争に加担して青少年を戦争態勢に導きかねないと反対した（上記佐藤史人論文）。

この法律に賛同する教育学者もいた。北海道大学の城戸幡太郎はその一人であって、「産業教育振興法に期待する」と題する論説を出している。「学校における産業教育は、世界の平和と日本の産業自立のための産業政策を理解させることと、将来産業人となるために必要な産業技術を修得させることを目標とするのであって、産業技術を修得させるとしても、それは特殊な職業に関する現場の要求に直ちに応ずるような技術ではなく、それらの基礎となる技能を訓練することである」と記した（『産業教育』一九五二年二月号）。城戸は法律公布の翌年には北海道大学に産業教育講座を設けた。その後曲折はあったが、一九五九（昭和三四）年には学部付設の研究施設として産業教育計画研究施設が設けられ、施設長には『日本技術教育史論』（三一書房、一九六二年）の著書をもつ石原孝一が就任した。北大は名古屋大学と並んで日本の産業教育研究の拠点校となる。

せっかく産業教育の中に大学を包み込んだにもかかわらず、その後の文部省の施策には大学への関与は薄い。戦前の実業教育は、大学と一線を画していたにもかかわらず大学を含む高等教育と連携していたけれども、その点では戦後の産業教育政策は後退する結果になった。ちなみに、文部省は一九五一（昭和二六）年から『産業教育』と題する月刊誌を刊行していて、一九九五（平成七）年までの記事内容を分析した大谷忠・八高隆雄の論説によれば高等学校関係が六五・六%を占めていて高等学校を中心にしているという（『産業教育学研究』第三〇巻一号、二〇〇〇年）。担当部局が職業教育課であり、大学関係部局と異なることもその原因であろう。

この産業教育振興法を契機に日本産業教育学会が発足したことは前述した。この学会も大学への踏み込みは弱く、逆に立法段階では無視されていた学校外教育論が多い。筆者は、大学も学校外教育もともに包摂する産業教育学を構築したいと念じている。

3　科学技術振興論

朝鮮戦争以来、日本は特需景気による経済再建を果たし、その後高度経済成長期を迎えて一九六八（昭和四三）年にはGNPは自由主義世界の中でアメリカについで第二位に躍進した。特に自動車産業をはじめとする工業生産品の大量生産、大量消費、大量輸出が経済発展をけん引した。この時代になると「産業教育振興法」では軽視されていた大学段階の人材養成が課題となり、文部省は科学技術振興論をもって対応した。

この方面の要請は、産業界から出た。日本経営者団体連盟（日経連）が中心的役割を果たし、政府に対して各種の圧力をかけた。早くも一九五四（昭和二九）には、「当面の教育制度改善に関する要望」を出して、「現下の教育界の一般的状勢はわが国産業の実情に到底副わないことを甚だ遺憾とする」として、種々の検討事項を挙げた。例えば職業高校と短大を一体にした五年制の職業専門大学とか、中学校と職業高校を一体として六年制職業高校とかの提言が含まれる（日経連『十年の歩み』）。その後、一九五六（昭和三一）年の「新時代の要請に対応する技術教育に関する意見」や、その翌年の「科学技術教育振興に関する意見発表」も注目される。特に前者では、今後の経済発展に対応する技術者や技能者の養成計画を立てること、そのためには工業高校や理工系大学の改革の必要を訴えている。

これらの要請に対して、文部省は各種の審議会の答申をもとに科学技術者養成の施策を展開した。以下に主要な対応策を提示してみると以下の六件が重要ではないかと思う。

①一九五九（昭和三四）年の中央産業教育審議会の「高等学校における産業教育の改善について」である。戦後の教育改革により、新制高等学校には総合制の原則が適用された結果、普通科が優位に立って職業科が弱体化したことへの対策である。「職業課程の新設、普通課程の職業課程への転換などの措置によってこれが増設を図り、産業界の各分野の要求に対応する中堅産業人を計画的に養成することが必要である」として、特に工業教育の再編と大幅な助成をなすべきことを要望した。

②一九六一（昭和三六）年の「学校教育法」の一部改正による高等専門学校の発足である。これは、「産業教育振興法」と「学校教育法」の最初の手直しであって、一条校としてのこの高専の設置は、高等学校と大学とを連結させる五年制の新しい学校という、統一学校の原則から逸脱するものであったけれども、工業教育の改革につながった。

③一九五六（昭和三一）年と一九九一（平成三）年の「大学設置基準」の弾力化である。これも戦後教育改革によって一般教育課程が重視された代わりに専門教育課程が弱体化したことの反省に基づく対処である。最初は「大学設置基準」を省令化し一般教育科目八単位まで基礎教育科目で代替することを可能にし、後の改正ではその基準を大綱化して一般教育と専門教育の科目区分を廃止するなど大学教育の個性化、多様化、高度化を図った。

④一九九三（平成五）年に高等学校の設置基準を改正して高校総合学科を制度化したことである。それまでの普通

科と職業科に加えて第三の学科と位置づけて、二つの学科の学科目を総合的に課すことによって、将来の自由な進路選択を可能にしようとする試みである。そこでは、「産業社会と人間」を原則履修科目とし、普通科優位の高校教育の改善を進めることを目ざしていた。

⑤一九九五（平成七）年の「科学技術基本法」の公布であって、この法律は「産業教育振興法」を補なう新時代の産業教育法として注目すべきである。法律の第二条「科学技術振興に関する方針」の第一項には、「科学技術の振興は、科学技術が我が国及び人類社会の将来の発展のための基盤であり、科学技術に係る知識の集積が人類にとっての知的資産であることにかんがみ、研究者及び技術者の創造性が十分に発揮されることを旨として、人間の生活、社会及び自然との調和を図りつつ積極的に行わなければならない」と、格調高い文言が記されている。この法律をうけて「科学技術基本計画」が策定され、その翌年の科技術関係予算の概要要求では前年の一〇％増の三兆円超となり、政府が本格的に動き出した。また、この計画では産・官・学の連携が打ち出されて、特に大学に対する期待が大きさを増した。

⑥「科学技術基本法」を受けて、それの具体化の一方策として一九九八（平成一〇）には、「大学等技術移転促進法」が制定された。これは一九八〇年のアメリカのバイ・ドール法を参考にしたものであって、大学の特許を企業に売却するライセンス取得の道が開かれ、大学から企業への技術移転に際して大学に補助金が交付されるようになった。さらにその翌年の「産業活力再生特別措置法」では大学などで国の資金でおこなわれた研究成果に対してもその実施機関への特許権を付与することにし、さらに二〇〇四（平成一六）年には国立大学を法人化することにより、大学の特許取得を容易にした。

以上は、高等学校改革から大学改革に至る文教政策の概要であって、大きく見て重点は大学における科学技術研究の振興へと移動していることがわかる。文部省は毎年度『我が国の文教施策』と題する白書を発行していて、「科学技術人材の養成」は重要なトピックスの一つにしている。仮に平成一一年度の記事を見ると、「現代社会の諸課題を解決し、豊かな未来社会を切り開いていくため、我が国は〝科学技術創造立国〟を目指して発展していく必要がある。このためには、研究面において新しい科学技術を創出していくとともに、これを支える理工系の優れた人材の育成が極めて重要である。このため、文部省では、平成六年と八年に大学の理工系分野の魅力向上及び創造的人材育成に関する報告書を取りまとめるとともに、理工系学部、大学院の新設など理工系教育の充実を図っている」と記している（文部省『我が国の文教施策』平成一一年度）。敗戦直後の「産業立国」ではなく「科学技術創造立国」という言葉を使っていることにも注目したい。

4　産業教育拡充論

敗戦直後の産業教育の低迷状況は、政府や経済界や教育界などの力によって再生され新しい展開を見た。その際、戦前期の実績も生かされた。都道府県によって遅速のちがいはあったが、全国的には産業教育の活況状況が復活した。その中でも産業立県として成長を遂げた愛知県における産業教育の発展は注目に値するので、筆者は『愛知の産業教育―産業立県の教育モデル』（風媒社、二〇一八年）と題する小著をものして、戦前から戦後への転換と戦後の新展開の軌跡を辿ってみた。以下、同書の要点をまとめて産業教育拡充の状況を例示してみたい。

愛知県は、地場産業の育成に教育が貢献した代表例である。そのことはすでに戦前期からの実績があったからのことである。

工業教育では、一九〇一（明治三四）年創立の県立工業学校には、繊維工業の権威である柴田才一郎が初代校長に就任するとともに、柴田は一九〇五（明治三八）年に同校に隣接して設けられた名古屋高等工業学校の創立にも関与して、当初の予定であった土木、建築、機械の三科に加えて機織、色染の二科を加えさせ、その講師をつとめた。

商業教育では、市立名古屋商業学校の校長をつとめた市邨芳樹が同校を名門商業に育てあげ、その功績をたたえる市民の寄付金をもとでに日本最初の二校の私立女子商業学校を設けて、「商家の奥さん」の教育に力を尽した。また、一九二一（大正一〇）年創立の名古屋高等商業学校では、渡辺龍聖が初代校長となって、商業実践、商品実験、商工心理、能率研究、産業研究などの科目を入れ込んで地元商業界に密着した実践的教育をなした。

農業教育では、一九〇一（明治三四）年に創立された県立の安城農林学校の果たした役割が大きい。初代校長となった山崎延吉は自ら先頭に立って三河の森林原野を開墾して、校舎、寄宿舎、演習林などを設け、独自な精神教育に成功した。同校は全国的に有名になり、参観者が殺到し、入学者も全国各地から集まった。一介の無名の農村であった安城の地は日本のデンマークと称されるまでになり、そこから発信された農村教育論は全国に影響を及ぼした。

これだけの歴史的実績をもっていたにもかかわらず、敗戦後は地元軍政官の名をとったジョンソン旋風によって、新制高校の総合制が強制されて産業教育の大打撃を受けたが、地元民の努力による立ち直りも早かった。今日では、文部科学省の平成二六年度版『学校基本調査』によれば、中等産業教育は全国のトップに踊り出ている。ちなみに、県内の職業高校の在籍者数は、工業と商業では全国第一位、農業は北海道についで第二位の地位を占めている。卒業後に県内にとどまる定着率は、愛知県は九六・六％で、二位の大阪府の九三・三％を引き離して全国第一位である。

中等教育だけでなく高等教育の復活と拡充も目ざましかった。名古屋大学は、一九三九（昭和一四）年創立という七帝大の中では最後の帝大であったが、航空機生産のような地域産業に力を入れていた。新制大学になると経済学部では、旧高等商業の伝統を引き継いで地域に密着した商工経営の研究に実績を収めた。安城の地から盛り上がった農学部の誘致に一時は配慮していたが、利便性などの諸種の理由から大学本部のある東山に設けることになった。筆者が特に注目したいのは、教育学部における産業教育学の研究であって、その水準は高く、この分野の学位論文はここから輩出されている。

愛知県には実績のある名古屋高等工業学校があったが、戦後には名古屋大学工学部とはならずに、独立した名古屋工業大学となった。旧明治専門学校の昇格した九州工業大学と並ぶ国立の独立工科大学である。同校の憲章には、「ものづくり」「ひとづくり」「未来づくり」とあるのも、産学連携を象徴している。

新構想の特色ある工業大学も二校生まれた。一九七六（昭和五一）年に長岡と並んで二校だけ設けられたうちの一校、豊橋技術科学大学であって、すでに豊田市などに設けられていた国立工業専門学校の教育を継続させることを目的の一つにした大学院レベルの教育機関として注目された。社会人の入学にも積極的である。もう一校は、一九八〇（昭和五五）年創立の豊田工業大学であって、トヨタの創業者豊田佐吉の人づくり精神を現代に生かした。産学一体を目ざし、日本の大学に期を画するものとしてマスコミの注目を集めた。実務経験のある社会人を優先入学させて、少人数教育で独自なカリキュラムの教育をした。その成果は目に見えて上がり、『週刊東洋経済』誌が毎年一回特集する日本の大学トップ・テンでは上位にランクづけされている。

豊田工業大学だけでなく、愛知県の私立大学は産業教育に熱心である。平成二五年度の文部科学省の『全国学校総覧』によれば特に工業と商業（経済を含む）の大学または大学学部の数は一極集中の東京を除けば全国トップである。私立の産業系大学および産業系学部をもつ大学数は、愛知県は二三校であって、大阪府の一七校、福岡県の一二校を抜いている。

以上は、愛知県を例に出して産業立県の教育拡充について例示した。戦後の産業教育の拡充には諸種の理由があるが、それは学校教育だけではなく、学校外の教育も貢献していることについて、ここで一言しておきたい。

それは、隅谷三喜男らによる「産業訓練」の言葉に代えて、「教育訓練」という概念が登場したことである。その概念は、戦後盛んになった公共職業訓練関係者によって形をなした。特にこの分野の理論家田中万年は、職能形成論とか生涯職業能力開発論などの用語で、産業教育概念の拡大を提言している。文部省もまた従来の社会教育にかえてキャリア教育という言葉を使い始めた。当然、学校、企業、社会の役割分担や連絡関係を明確にすることが求められている。学校外産業教育については、本書の第九章で考察することとする。

第六章　工業教育論の形成

日本が近代国家としてスタートしたとき、富国強兵や殖産興業を国是とし、そのための人材を養成する学校教育に大きな期待をかけたことについては、これまで繰り返して述べてきたとおりである。

近代学校を創出するには、先進西洋に範例を求めつつも、日本の為政者や教育家が、日本人の主体的な取捨選択による採長補短の創意工夫がこらされた。特に産業教育の当事者である学校長たちは、今日とはちがって大きな裁量権を与えられていたため、国家社会の必要を見極めつつ、日本の国土や日本人の精神に合致した教育論の形成に力を尽した。農工商の各分野にすぐれた教育家が出現して、日本の産業教育論はすでに戦前期において形をなした。維新後の短期間にこれだけの水準の教育論が生み出されたことは、世界的に見ても注目されるべきことではないかと考える。以下に各分野ごとに、代表的教育家を例に出して、彼らの苦悩にみちた思索と実践の跡を辿り、近代日本に形成された、日本独自の産業教育論の概要について記してみる。

1　ダイアーのエンジニア教育論

近代日本に初めて本格的な産業教育機関として誕生したのは、一八七三（明治六）年開校の工部大学校（当初は工学寮）であった。幕末期に「生《いき》た器械」になりたいという所思を表明してイギリスに密出国した「長州ファイブ」と称される五人のサムライは、日本をイギリスのような工業立国にしたいと考え、工業技術の開発のための工部省を設けた。そこでは多数のイギリス人をお雇い教師にして、鉄道、電信、鉱業などの国営工業を所轄した。その際、外国人に多額の給料を支払い続けるのではなく、彼らに代わる日本人の技術者や教育者を育てることが喫緊の課題となった。そのための工部大学校の創立であった。

その校長（都検と称した、英語では principal）には、グラスゴー大学から、当時二四歳のダイアー（H. Dyer）を雇い入れて、輩下の教師陣もイギリス人をあてた。ダイアーは長州ファイブの一人山尾庸三と協議しながら新構想のエンジニア・カレッジを創立し、経営することに成功した。そこでは、当時のヨーロッパに成長しつつあった学校形式の専門教育とイギリス伝統の実地の見習い修業を組み合わせた実験的な方法が採用され、世界に類例のない新しいカレッジとなった。修業年限六年間を予科学、専門学、実地学に三区分し、当初七つの専門学科で学理と実地の結合を図った実験的な性格のものであった。

ダイアーは一〇年間校長職をつとめて同校の成果を見届けたうえ、グラスゴーに帰国したが、それに先立って、工部大学校の第一回卒業生に向けて二件の有名な演説をした。一件は、専門職業教育（Professional Education）であり、もう一件は非専門職業教育（Non-Professional Education）と題し、併せて『エンジニアの教育（*Education of Engineers*）』の書名で工部大学校から出版した。この書は、当時の世界におけるトップレベルの工業教育論であって、現在でもその価値を失わない。

帰国後のダイアーは、この成果をイギリスに持ち帰り、グラスゴーにおいて再現しようと試みたが、伝統の壁は厚く、容易に進捗しなかったけれども、時間を要して今日のストラスクライド大学に引き継がれた。同大学と工部大学校の後身である東京大学工学部では、一九九六年と一九九七年に相呼応してダイアー・シンポジウムを開催し、ストラスクライド大学は「グローバリゼーション」、東京大学は「エンジニア教育」をメイン・テーマにした。このシンポジウムの日本側の企画者であった元総長の吉川弘之は、ダイアーの遺産を再評価しつつ、現今の日本の工学教育の改革に生かすことを主張した。

ダイアーは、帰国後多数の著書や論説を発表していて、彼のエンジニア教育論を要約してみると、三点が重要ではないかと思う。その一は、精神力であって、日本の青年たちの燃えるような愛国心に感動した彼は、エンジニアは国家進化を目ざす「真の革命家」であって欲しいと主張した。その二は、知と技とを統合して、実践的課題を解決する力量の形成である。その三は、品性と教養を高めるべきであるとして、スペンサーやハクスレーなど著名な教育学者の教育論を取り込んで、「まことの教育（real education）」の概念を提示した。

ダイアーの育てた工部大学校の卒業生たちは、技術者として、また教育者として、ダイアーの期待どおりの力量を発揮した。技術者としては、アドレナリンなどの発見者高峰譲吉、東京駅などの設計者辰野金吾、琵琶湖疏水事業の責任者田辺朔郎、下瀬火薬の発明者下瀬雅允など、挙げはじめたらきりがない。加えて教育者も多い。工部大学校卒業後ダイアーのすすめでグラスゴー大学に留学したあと、実業学務局長として敏腕をふるい、のち九州帝国大学初代工科大学長、第二代総長をつとめた真野文二を筆頭にあげるべきであろう。

ダイアーの思想を簡明な日本語に置きかえた教育家がいる。熊本高等工業学校の初代校長となった中原淳蔵であって、同校の初期の『一覧』には、「本校ハ実業専門学校ニシテ、工業ニ関スル高等ノ学術及技芸ヲ授ケ、邦家ノ進運ニ適応スル実地工業者ヲ養成セントスルモノナリ。故ニ工業上必要ナル学理及技術ヲ教授スルト同時ニ、学校内外ニ於テ実地ニ就キ学理ノ応用ヲ試ミ技術ヲ練磨セシムベシ。又品性ノ涵養ニ重キヲ置クハ素ヨリ、経済思想ノ一斑ヲモ修得セシメンコトヲ努ムベシ」とある（『熊本高等工業学校一覧』明治四一年度）。この方針がいつ定められたかは定かでないが、その後四〇年間にわたり同一文言の教育方針が堅持されてきたことは、私立校ならいざ知らず、官立校としては珍しいことである。

2　ワグネルの工芸教育論

ダイアーは、一〇年間、一つの学校で教育経営に力を尽したのに対して、日本の伝統工芸に魅せられ、職場を転々と変えつつ日本人の指導に功績のあったのはドイツ人ワグネル（G. Wagener）であった。日本における彼の経歴は多彩である。明治維新直後の長崎および佐賀での志士たちとの交流から始まり、一八七三（明治六年）のウィーン万国博での現地指導、文部省の製作学教場の教師、京都府での理化学の教師と舎密局での七宝その他の地場産業の改良指導、東京大学での製造化学の担当、東京職工学校での陶器玻璃工科（のちの窯業科）の担当などであって、一八九二（明治二五）年に日本で病没するまで、途中の一時帰国を除けば二三年間、日本側の求めに応じてヘルパー役を果たした。

ワグネルは、ゲッチンゲン大学で学位を取得した学究であったが、諸種の理由が重なって身も心も疲れて、友人のさそいを受けて長崎に来着したのは明治維新の年であった。そこで佐賀藩の有力者と出会い、有田焼の技術指導をすることになっていたけれども、佐賀藩出身で官僚となった大隈重信らにさそわれて上京し新政府に出仕することになった。

ワグネルの活動で最初で最大の転機は佐賀藩出身の大隈や佐野常民らが主役を演じたウィーン万国博への参同事業の指南役を果たしたことである。日本政府としては初の国家的事業であったが、彼はその成功に寄与した。さらに加えて、現地に赴いた佐野の許可を得て、万博終了後二四名の日本人をそのまま滞留させて、西洋の先進技術を習得させた。ワグネルは日本人の伝習科目を決めて、引き受け先との交渉や斡旋をした。「朝夕ニ巡視シ、或ハ書簡ヲ送リ、以テ各自ノ成業ヲ促シタリ」という（『澳国博覧会参同紀要』中篇、一八九七年）。その伝習員の中に陶芸の納富介次郎も含まれていた。

その後のワグネルは、来日直後から有田の陶磁業を視察するなどして関心を抱いていた窯業の技術改良とその教育に力量を発揮することになる。一八八四（明治一七）年には東京職工学校の教師に雇われ、同校における唯一人の外国人教師として陶芸の指導をすることになった。同校には、一時の帰国を含めて八年間在職し、日本における最も長期の勤務校となった。同校はその後高等工業、工業大学へと昇格して現在の東京工業大学として発展を続けることになるが、現在の構内にあるワグネルの記念碑（陶管）には、「夙ニ実業教育ノ必要ヲ唱ヘテ国民ノ蒙ヲ啓キ、同十四年東京職工学校ノ創立ヲ見タルハ実ニ先生ノ建議ニ基ケルナリ。同十七年先生ノ主唱ニ由リテ同校ニ陶器玻璃工科ノ設置セラルルヤ、先生ハ其ノ主任者トシテ自ラ教導ノ任ニ膺リタリ。是レ我ガ国ニ於テ陶器玻璃工業ヲ独立シタル一学科トシテ教授セル嚆矢トナス」と記されている。

東京職工学校がワグネルの建策によって設けられたとすることには慎重さが求められるけれども、同校の化学工芸科中に一専修科目としてワグネル担当の陶器玻璃の授業が開始されたことは間違いない。このときから工芸という言葉が使われていて、一八八八（明治二一）年の学則改正に際しては、条文中の「職工」に代えて「工芸」という言葉があらわれている。彼の真意は、同年に京都でなした演説の中の「日本ノ工業ヲ外国ノ競争ニ対シテ拒《ふせ》ガント欲セバ、日本固有ノ味ヒト其美術心トヲ永久ニ保存シ、日本人民ヲシテ決シテ之ヲ忘レシムベカラズ」という言葉に尽されている（『井上農商務大臣ノ談話・ワグネル氏ノ工業ノ方針』一八八八年）。ワグネル自身が工芸家であったことも忘れてはならない。彼は佐賀藩で成功に至らなかった石炭窯を、一八八二（明治一五）年に農商務省の陶器試験場で築造に成功しているし、自己の作品を吾妻焼（のち旭焼）と称して世人の評価を得ている。

工芸家であり、工芸教育家であったワグネルは、勤務地を転々とする間に、多くの知友を得て、影響を与えた。関係する人物の数は多く、彼らは『ワグネル伝』とか『ワグネル先生追懐集』などを刊行している。ここではその中の、二人の工芸教育家を例示することにする。

一人は、高等工芸教育界の中沢岩太である。中沢は東京大学卒業後にワグネルと出会い、ベルリン大学に留学し、ワグネルが一時賜暇帰国したときは東京職工学校でワグネルの代役を果たした。一九〇二（明治三五）年に京都高等工芸学校の初代校長に就任し一六年間在職して工芸教育の範例づくりをした。中沢はパリ万博の帰路、船中で東京美術学校の教授であった浅井忠と意気投合し、浅井を自校の教頭に迎えた。浅井は京都画壇のリーダーとなる人物であって、中沢の工芸は美術に接近していた。

もう一人は、中等工芸教育界の納富介次郎であって、ワグネルとの出会いは先述したようにウィーン万博であるので中沢よりも古い。彼はワグネルに多くのことを学び師弟関係にあった。納富の最大の功績は、日本に四つの工芸学校を創立したことである。石川県立工業学校、富山県立高岡工芸学校、香川県立工芸学校の初代校長として創業に貢献し、最後は生誕地である佐賀県立工業学校長となって、同校の分校であった有田分校を独立させて佐賀県立有田工業学校にした。有田は、明治初年にワグネルを感動させたゆかりの窯業地である。

3　手島精一の工業教育論

ダイアーのエンジニア教育論とワグネルの工芸教育論というルーツを異にする二つの思想を取り込みながら、日本の工業教育という独自な世界を作り出したのは手島精一である。彼は思索と実践を積み重ねた卓抜したパイオニアである。筆者の調べた限りでも、その論説の数は三百五十件にのぼるので、その思想を解明することは容易であり、それをもとに筆者は一書をものしてみた（『手島精一と日本工業教育発達史』風間書房、一九九九年）。

手島は、明治の初年に養父の秩禄を抵当に入れてアメリカに私費留学し、一八七二（明治五）年に岩倉使節団に見出されて通訳となった。一旦帰国して東京開成学校製作学教場に勤務したのち、一八七六（明治九）年のフィラデルフィア万国博に派遣され、その後主要な万博に関係して生涯一〇回の洋行体験をし「万博男」の異名をとった。一八七七（明治一〇）年から教育博物館の館長補（のち館長）となって万博で蒐集した出品物の陳列展示をして教育啓蒙活動に従事した。

一八九〇（明治二三）年に東京職工学校長に就任したことが、工業教育家となる転機となった。以後、同校は東京工業学校、東京高等工業学校、手島の没後のことではあるが東京工業大学へと名を変え、日本の工業教育の本山となった。手島は、一時文部省の実業学務局長を併任した期間を含めて、三六年間同校の校長職にあって、日本の工業教育を作り上げた。その際、多彩な国際経験を生かして西洋の「国選び」をし、採長補短の精神で日本固有の工業教育を創出した。

手島の工業教育論の根底にあるものは、国家富強論と産業立国論である。一八九八（明治三一）年の論説の中から引用してみると、「凡そ宇内に国を為すもの皆富国強兵を望まざるものなし。而して強兵の実を挙げんとせば主として富国に資せざるべからず。且、夫れ富国に資するの途一ならずと雖も、国家の実業を振興し以て財源を豊富ならしむるに在り」（『教育実験界』第二巻二号、一八九八年）と。

その実業の中で最も重要なものは工業であった。世界各国が国家富強にしのぎをけずり、特に工業の振興に力を入れていることを、手島は「平和の戦争」と称した。その戦争の最たるものは工業の戦争であると解した。一八九六（明治二九）年の論説の中では、「凡そ事物の競争上最も恐るべきものは蓋し工業に勝るものはあらじ。夫の国と国との戦争の如きは、素《も》と有形の戦争にして其惨状実に見聞に堪へざるもの多しと雖、其時限は比較的長からざるに反し、工業上の競争に至りては、国の遠近なく昼夜間断なく継続し、亦窮巳《きわみ》あるなし」（『工談雑誌』第八〇号、一八九六年）という。

工業の戦争を平和の戦争と称する手島にとっては、その人材の育成が最大の課題であった。彼は、軍隊を例にとって、三層の工業軍を養成せよと説く。軍隊の、将校、下士官、兵卒の人的構成にならって、工業軍でも技師、技手、職工の三層の人的構成が必要であり、帝国大学工科大学には技師の、彼の工業学校や地方の工業学校には技手の、徒弟学校や補習学校には職工の養成を託す、という学校の役割分担を提唱した。ダイアーの創始した工部大学校はすでに帝国大学に昇格して学理志向を強めつつあったけれども、手島はそれについての批判的言辞を避けて、それより下方の工業学校の発展に力を尽した。

手島は、彼の経営する東京工業学校を高等工業学校に昇格させて日本工業軍の本営と見なし、職工長を養成することを主目的とした。加えて彼は本営に付属する形で兵卒のための職工学校や工業補習学校を設けてそれらの範例づくりをして、工業教育の幅を下方に広げた。本営の高等工業学校では、ダイアーの目ざした学理の応用とか品性の陶冶、あるいはワグネルの目ざした工芸の教育とかの先例を取り入れる工夫をこらした。ちなみに手島は校長就任直後の学則改正でワグネルの意見をいれて化学工芸部中に、正規の学科として陶器玻璃工科を設けている。

手島は、工業軍とともに、商工軍という発想ももっていた。工業の競争に勝利するためには工商の連携が必要であることを認識していたためである。一九〇〇（明治三三）年の論説では、「商業と工業とは恰も車の両輪の如くにして、二者相待ち然る後初めて健全の発達を期すべく、苟も偏倚するときは到底満足の行進を望むべからざるなり」（『商業世界』第三巻五号、一九〇〇年）という。両者の役割は、商業軍は軍隊の「斥候《せっこう》」「偵察隊」として敵陣深く入り込み、商機を工業家に伝え、工業家はその情報を受けとめて物品を製造する、とたとえている。これは当時におけるドイツの躍進の原動力をそこに見出していたからである。

このほか、手島の果たした役割として注目すべきは、自校に付属する工業教員養成所において多数のかつ優秀な工業学校教員を送り出したことである。手島の言では、一八九九（明治三二）年の全国工業学校長会議に出席した三二名のうちの四分の三は蔵前の出身者であった、と述べている（『東京工業学校一覧』明治三二年度）。「尾張大根は尾張で」とは手島の言であるが、彼の門下の教育家は全国各地の産業界の実情に即して特色ある工業教育を創始したり経営したりした。

　数多い教育家の中から一人だけあげるとすれば、今景彦が注目される。秋田県尋常師範学校を卒業して小学校教員を経験したあと東京工業学校の機械工芸部特別科を卒業、手島に認められて同校の助教授に就任、その後中等工業学校長に転出した。今は、東京府立の職工学校と工芸学校の二つの学校の初代校長となって、それぞれの学校の独自色を発揮させた。手島の意を受けて、先述した適材教育の実務を担当したのも今である。

4　特色ある工業教育家

　日本の工業教育には、上に記した三人のパイオニアがいて、三人にはまたそれぞれに門下生がいて、工業教育論の形成に寄与した。この三人の系譜の中から、あるいはその系譜とは別のところから多くの工業教育家があらわれ、それぞれに思索と実践をした。ここでは、紙幅の関係上、四人の特色ある教育家を例示してみたい。いずれも、戦後ではなく戦前期の人物であることにも注目したい。すでに戦前期に日本の工業教育論が形をなしていたことのあかしにもなる。
　①近藤徳太郎―足利の織物染色工業教育家。京都府の欧学舎でフランス人デュリー（L. Dury）の教えを受けた、当時における数少ない仏語系人材である。デュリーの斡旋でリヨンの織物学校に学び、帰国後は京都府織殿での技術指導などを経て、一八九五（明治二八）年に地元の要請を受けて栃木県工業学校の初代校長となって二二年間在職した。同校は山岡鉄舟の子息山岡次郎が一八八五（明治一八）年に創立に寄与した足利織物講習所に端を発しているので歴

史は古く、それを正規の織物系の工業学校にしたのは近藤である。

一八九八（明治三一）年に改訂した学則では、「本校ハ機織及染色ノ業ニ就カントスル者ニ須要ナル知識技能ヲ授ケ、併セテ其徳性ヲ涵養スルヲ以テ目的トス」と定めた。校名は工業学校であったが、明かに織と染とを教える学校であった。一八九五（明治二八）年には八王子にも織染学校が設けられているけれども、近藤の教育方針は斯界の権威者であっただけに学理の重要性を説いたところにある。「優秀なる技術も其の根底を学理に求めざれば、寸毫の効果を見ること能わざれば、一事一物皆学理と相伴て些の背乖を許さず」という（『足利商工百年史』一九九五年）。

②高田早苗―私立大学の実業系教育家。一八八二（明治一五）年に東京大学文学部を卒業すると同時に大隈重信らと協力して早稲田大学の前身である東京専門学校を創立し、大隈の腹心として政治活動に従事、一時文部大臣をつとめた。その前に早大学長、その後にも早大総長として、その生涯を早大一筋に生きた人物である。一九〇七（明治四〇）年、学長時代の高田は創立二五周年記念式において早稲田大学第二次計画を発表し、理工科と医科を新設することにした。翌年にはその理工科の開設を進め、一九一二（明治四五）年の演説の中では、「理工科は応用の学科である。而して早稲田大学は実用大学である……而して商科を置き遂に工科を置いたといふのは、其の応用大学、実用大学たるの趣旨を明らかにしたのである」と述べた（『三十年記念早稲田大学創業録』一九一三年）。

ここでいう「商科」は工科より先に一九〇四（明治三七）年に設けられていて、いわゆる東京六私立大学にもその先例がある。しかし、理工科は私大の最初であり、一九二〇（大正九）年に「大学令」による大学に昇格したとき、私立大学で初の理工学部となった。商学部も設けられたが、同じ年に明治大学と中央大学にも同じように商学部が置かれているので、早稲田大学だけではない。この理工学部は商学部と併せて商工併立の校風づくりに役立った。

③中沢岩太―京都の高等工芸教育家。一八七九（明治一二）年に東京大学理学部化学科を卒業後母校の助教時代にワグネルと出会い、先述したように日本の伝統工芸に科学の光を当てることに関心を抱いた。ベルリン大学に留学後は、帝国大学教授、京都帝国大学初代理工科大学長などを経て、一九〇二（明治三五）年創立の京都高等工芸学校の初代校長となった。古くからの歴史をもち高い水準を誇る京都の伝統工芸界において科学の接ぎ木をするという困難な教育に立ち向かった。中沢校長は授業開始の訓示の中で、「本校授業ノ方針トスル所ハ、智識ノ基礎ヲ固クスル為メ充分ナル学理ヲ授ケ、之ト同時ニ之ガ応用ヲ明カニスルノ実技ヲ修メシムルニアリ」と述べた（『京都高等工芸学校初十年成績報告附録』一九一三年）。その言葉自体は特に新味のあるものではないが、問題はその内実であって、工学博士としての「学理の応用」に成果を収めた。彼はまた、実業者子弟の教育にも配慮して工業学校卒業者を入学させるための便宜を図るなど、現業との密着にも意を注いだ。

④鈴木達治―横浜の高等工業教育家。同志社を卒業後アメリカに留学し、二八歳になって東京帝国大学化学科を卒業、第二高等学校、広島高等師範学校、東京高等工業学校など多彩な教職歴を経て、手島精一の推挙によって一九二〇（大正九）年に横浜高等工業学校の初代校長に就任し、創業の役割を果たした。苦学力行の経歴の持ち主であったためか、その学校経営も独自なものとなった。第一の特色は、教育方針として自由啓発主義を打ち出したことである。人間の「天賦天稟の才能」を発揮させるため、校則による拘束を解き放つ手段として、無試験無採点主義、無罰無賞主義を採用して世間を驚かせた。具体的には、入学試験は出身校から出される成績評価と面接だけで合否を判定し、入学後の試験を廃し、罰も賞も与えないというのである。彼は、『自由教育の俤』（一九二九年）と『自由教育の片鱗』（一九三三年）と題する二冊の本で彼の見解を記している。

もう一つの特色は、高等工業を中心にして、彼の言葉でいうところの「三体一心教育」を実践したことである。手島が東京高等工業学校でおこなった総合工業教育に似た企画であって、それを横浜で実践した。神奈川県立商工実習学校と横浜市立工業専修学校との三校の連携を図った。この三校はその所轄庁を異にしながらも、「弘陵ノ一角ニ渾然トシテ打ツテ一丸」をなす協調体制を作り出そうとしたのである。その指導役は高等工業学校長の鈴木であって、当時の校長はそこまでやることができた。

第七章　農業教育論の形成

1　横井時敬の農業教育論

農業分野では、駒場と札幌の二校の農学校が先駆的役割を果たした。駒場農学校では、はじめイギリス人教師四名を雇って授業を開始したが、教師間の結束を欠き、またコメつくりを主体とする日本の農業との乖離が生じたため、全員帰国し、代わってドイツ人教師と交代させるという事件が生じた。イギリス人教師時代の一八八〇（明治一三）年に、第一期と第二期の卒業生を送り出したが、その第二期農学科卒業生一三名の中に、のちに日本農業教育の最高指導者となる横井時敬が含まれていた。いずれも士族であって、かつてのサムライが帰農したことになる。

横井は、熊本藩士の子に生まれ、藩の洋学校に学んだあと駒場農学校に進学した。卒業後は福岡県農学校の教師（のち教頭）となり、その地で強力な勢力を誇っていた老農林遠里に対抗して、学理的農法である『稲作改良法』を刊行して一躍著名人となった。農学校は一八八七（明治二〇）年に廃校となったため県の勧業試験場に勤務していたとき、駒場農学校のドイツ人教師フュスカに見出されて、農商務省の技師となった。駒場農学校が帝国大学農科大学に昇格したあと、横井はその教員に採用され、一八九四（明治二七）年から一九二二（大正一一）年まで農学第一講座の教授職をつとめた。併せて農業教育についての多面の活動をした。

横井は生涯に多くの著書や論説を世に出している。筆者の調べた限りでも、八八件の著書と六六四件の論説を確認することができた。それらの内容を分類してみると、農業論、農学論、農業教育論に三分することができると思う。学問としては、農業生産学から農業経済学へと移っていて、処女作『稲作改良法』から晩年の『小農に関する研究』がその代表作である。

まず、横井の農業論について見れば、「国家農本主義」の一語で表現することができる。農業は、国家の「土台」であり、「大黒柱」であり、「干城《かんじょう》」であるという。なぜか。答は二つある。一つは食糧の確保であり、他の一つは兵隊の供給である。従って商工立国を標榜するイギリスを批判する。イギリスは工業国として成功したけれども、食糧の自給率はわずか六分の一にすぎず、しかも農村出身の兵隊が少なく、かつ弱い。兵の弱さは南アフリカのボーア戦争であれだけの苦戦を強いられたことで証拠立てられる。歴史を見れば、古くは、ギリシア、スパルタ、ローマから、新しくは、スペイン、ポルトガル、オランダのように「農業衰えて国亡ぶ」と断言する。これに比べれば、ドイツは農学の研究が盛んであり、農業は健全である。第一次世界大戦に敗れたとはいえ、あれだけ長期に耐え得たのは農業の底力があったと解釈した。彼は、一八九九（明治三二）年、一年間のドイツ留学体験をもっていた。だからといって農業の盛んなアメリカにくみするわけではなかった。アメリカの農業は土地が広いため、機械や人工肥料を使った疎放農業であって、コメつくりを中心とする日本の集約農業には参考にならないと考えた。この点が札幌農学校とのちがいになる。

次に農学論について見れば、彼はドイツをモデルにした。帝国大学教授としての彼の研究の内実が問われるが、この点については、帝国大学の同僚や後輩が多くのことを語っている。彼の農学研究は、前述のように農業生産から農業経済にわたる広い領域に及んでいたが、重要なことは、農学は医学に似て複雑な総合科学であるとともに、最後には応用科学としての実用性を目ざすべきだと考えたことである。その実用性を確かにするためには、農学者はあくまでも学理の研鑽につとめ、実務者はあくまでも実地の試行に専念すべきであって、学者と実地者の独立分離論を提唱した。そこで両者の乖離が生じるけれども、その溝を埋めるのは農業教育家であるとして農業教育論が重要となる。その点になると医学とのちがいが出てくる。

そこに農業教育論者としての横井の面目が躍如としてくる。農業教育家としての横井の活動の舞台は大きく見て二つあった。

第一の舞台は、一八九九（明治三二）年に設けられた東京帝国大学附属農業教員養成所であって、ドイツ留学から帰国したのちの一九〇二（明治三五）年にその主事に任ぜられ以後二〇余年間、帝大教授と兼務でその主事職をつとめた。同所には、師範学校または甲種以上の農業学校卒業生で教職経験のある者を入学させ、当初は一年、のち二年に延長して農業学校教員となるための教育をした。彼は農業科の教授法について自ら研究し、『農業教授要項』（金港堂、一九〇四年）と『農業教育及教授法』（宝文館、一九二六年）の二冊の単著のほか、同所関係者との共著や校閲本などを刊行し、斯界の第一人者となった。また同所の卒業生たちの設けた農業教育研究会では会長となり、機関誌『農業教育』を刊行し、彼自身が多数の論説を発表して農業科教員に対して指針を与えた。

第二の舞台は、私立東京農業大学での学校経営である。東京には静岡藩の旧幕臣榎本武揚らによって一八九三（明治二六）年に設けられた私立農学校があったが、経営難のため大日本農会に移管されていた。横井は早くからこの学校に関係していて一八九七（明治三〇）年から教頭をつとめ、一九〇七（明治四〇）年に正式に校長となった。彼は、同校を「専門学校令」による東京農業大学と改称し、一九二五（大正一四）年には「大学令」による正規の大学に昇格させて、死去の年までその学長職をつとめた。

東京農業大学は、日本唯一の私立農業大学として全国にその名を知られた。横井は、彼の提唱する農業立国の中核的人材群として期待した中産地主を育てることを基本方針とした。農村に住み、自ら田圃を耕し、地元に奉仕する「血あり涙ある」農村の指導者、保護者を養成することである。彼は、「我校は知徳兼ね具へたる地方の紳士を養成するを主眼とする」と公言した。彼はまた、各種の大学開放事業を進めたが、その一つに軍隊農事講習がある。東京の兵営に入所している農村出身の兵士が都会熱に染まらないようにするための対策であった。

横井はまた、中等の農学校の教育に期待を寄せた。国民の六割の人口を占める農民の子女のためには堅実な農学校が必要不可欠であり、中学校や高等女学校のように若者の出世熱、都会熱をあおるのではなくして、農民の転亡を防ぐことを教育方針にせよと主張した。国民の最後の教育は実業教育でなければならない、というのが彼の信条であった。

横井の交友関係は広く、主として東京帝大と東京農大の中から生まれたが、農業教授法に傾倒したことから見て、帝大の農業教員養成所の卒業生との師弟関係のつながりが深い。その中の一人を例に出すとすれば、千葉敬止を挙げたい。宮城県の師範学校を卒業して小学校訓導をつとめたあと、農業教員養成所の第一期生となり、そのまま同所の助手に採用されて横井の薫陶を受けた。農業教授法についての横井との共著もあるが、千葉自身も『日本実業補習教育史』など多数の著作物を出版した。千葉は、京都府の農林学校や神奈川県の実業学校の校長をつとめたあと、一九二九（昭和四）年に文部省の社会教育官となり、一九三五（昭和一〇）年の「青年学校令」の起案などに活躍した。

2 佐藤昌介の農工教育論

駒場と札幌の二つの農学校のいずれが先かは、意見が分かれる。札幌は、一八七一（明治四）年に開拓使が東京に設けた仮学校に端を発し、一八七五（明治九）年に札幌農学校として開校していて、駒場農学校より一年早いが、農学校として明確な目的と体制を固めたのは駒場に軍配を上げるべきであろう。

札幌農学校には曲折が多かった。黒田清隆を中心とする官僚は、ロシアの南下に対して北辺を警護するとともに、広大な北の大地を開拓するという政治目的をもって、アメリカに支援を求めた。一八七〇（明治三）年に黒田らは渡米し、アメリカ人の化学教師アンチセルと合衆国の現職農務長官ケプロンの雇い入れに成功した。開拓使としては、開拓に必要な農工両全の人材教育を目ざし、アンチセルはその意を受けて学校計画を立てた。ところが、ケプロンはこれに反対し、マサチューセッツ農科大学をモデルにした農学校の設立を主張し、黒田はやむなくアンチセルを配置替えしてケプロンの指示に従った。ケプロンの政治力によって、マサチューセッツ農科大学学長クラークら三名のアメリカ人教師によって、札幌農学校は開校の運びとなった。

当時のマサチューセッツ農科大学のカレンダーと札幌農学校の最初の英文学則を比べてみると共通する部分が多い。クラークの経営するアメリカの大学では、農学の専門学科の占める比重は比較的小さく、代わって、理学系科目や教養科目や軍事教練などに多くの時間をあてていて、札幌もほぼこれをモデルにしていた。加えて、クラークは日本青年にキリスト教の感化を与えることに熱心であった。クラークはわずか九か月余りの滞日であったけれども、農業面以外での影響力が大きい。第二回卒業生の新渡戸稲造の回顧談によれば、「農学校と云ふ名称は事実に相違して居る」「札幌農学校は拓植（ママ）学校若しくは高等専門学校とでも称したならば事実と相適ふ」と述べている（『太陽』第一巻一号、一九〇七年）。新渡戸自身は農学より英文学に熱中したという。

農工両全の人材育成という開拓使が当初に目ざした教育方針は、第一回卒業生の佐藤昌介によって実現された。南部藩士の子に生まれた佐藤は、はじめ大学南校を経て、札幌農学校の開校時に第一期官費生として入学、一八八〇（明治一三）年に卒業し、母校に残って奉職していたが、思うところあって私費（中途で官費に切りかえ）でジョンズ・ホプキンス大学に留学して、農業経済学を修め学位を取得した。その後ドイツのハレ大学に移り、一八八六（明治一九）年に帰国し、母校出身者としては最初の教授に就任した。一八九一（明治二四）年には札幌農学校長、一九一八（大正七）年には同校の昇格した北海道帝国大学初代総長となり、同校の発展に寄与した。

佐藤は、帰国直後、北海道長官岩村通俊に宛てた復命書において、アメリカでは、農と工とが相連携した教育がなされていることを説明し、札幌農学校に工学科を設けることを提言した。ちなみに、マサチューセッツ州には一八六二年のモリル法によって、農科大学と工科大学の二校の州立大学が設けられた。その一方だけをモデルにしたのでは、札幌農学校は衰微するという危機感があった。これより先、一八八五（明治一八）年に伊藤博文の命を受けて北海道を視察した内閣大書記官金子堅太郎の復命書には、「之（マサチューセッツ農科大学）ト同種ノ学校ヲ、我北海道ニ設クルモ、決シテ其拓地殖民ノ実業ニ裨益ヲ与ヘザルハ信ジテ疑ハザル所ナリ」と記されていて（『新撰北海道史』第六巻、一九三七年）、札幌農学校の廃止論まで出ていた時期である。

農学者としての佐藤は、アメリカ留学中に指導を受けたイリーの著書を翻訳した『威氏経済学』や稲田昌植との共著『世界農業史論』などの著書はあるものの、横井時敬に比べると著書や論説の数ははるかに少ない。横井とのちがいは「大農論」や「植民論」にあらわれる。特に大農論は、集約的小農論を主張する横井とは真逆であって、北海道開拓の必要性から機械化農業論を展開することになった。当然、土木学や機械学との連携を図ることになる。

佐藤は、北海道開拓の課題に立ち向かって生涯をかけて札幌農学校の発展に心血を注いだ。佐藤の最大の功績は北海道にふさう農業学校の経営者として力量を発揮したということに尽きるであろう。同校は、一八九五（明治二八）年に北海道庁から文部省に移管され、一九〇七（明治四〇）年に東北帝国大学農科大学となり、一九一八（大正七）年に独立した北海道帝国大学となったが、その間の校長、学長、総長をつとめ、帝大への昇格までの苦節にみちた歴史の中心人物として佐藤がいた。

同校が東北帝大の農科大学に昇格する前の札幌農学校としての最後の『一覧』を見ると、「農理農芸及拓殖ニ関スル高等教育」を授ける本科（修業年限四年）のほかに「本科ノ学科ヲ修ムルニ必要ナル普通学科」を授けるための予科（二年）と、土木工学科、林学科、水産学科（いずれも三年）を設けていた。そのほか、「農事ニ関スル中等教育」を授けるための農芸科まで設けた。北海道帝国大学になった年の一覧では、学部は農科大学のみで、それに大学予科、土木専門部、水産専門部、実科を付属させた。専門部に土木専門部が存在するのは歴史的経緯のあることであって、一九二四（大正一三）年には農学部、医学部に次ぐ第三の学部として工学部が設けられたことによりこの異例の事態は解消された。なお大学予科のあるのは北海道帝大だけであって、他の帝大には例はない。佐藤が北海道開拓に必要な各層の人材を育てるために多彩な編成にしたことが窺われる。

札幌には駒場のような農業教員養成所はなかったが、その本科や専門部の卒業生には、農学校や中学校の教職につくものが多くいた。その中で、佐藤の農工両全論の実践家を挙げるとすれば草場栄喜に注目したい。草場は、一九〇〇（明治三三）年の札幌農学校の第一八期卒業生であって、島根県や新潟県などの農業学校長を経験したあと、一九二三（大正一二）年創立の岐阜高等農林学校長となった。彼は高農の校長時代に、『農産物の経済的利用価値の増進と所謂農村及農業の工業化』（一九二九年）と『農村及農業の工業化』（一九三〇年）を刊行して、この方面のオピニオン・リーダーとなった。農工業の密接な相互連携論は札幌農学校の創業精神であった。草場はこの精神を実践に移し、農場の中に各種の製造実習室を設けて、学生の実習に役立てた。

なお、草場は、「自化自育論」と称する自立的人間形成論者としても有名である。クラークがそうであったように、佐藤昌介も草場栄喜も、その他の札幌卒業生たちは、青年たちを精神的に奮起させることに意を注いだ。

3　特色ある農業教育家

工業や商業に比べて農業分野は幅が広いため、それぞれの分野においてすぐれた教育家があらわれ、農業教育の理論と実践に寄与した。例えば、蚕業教育、山林教育、畜産教育、園芸教育、水産教育などに名だたる教育家がいた。ここでは前章にならって四名だけ例示してみる。戦前の日本農業教育論はこの域にまで到達していたことのあかしになる。

①玉利喜造―盛岡と鹿児島の高等農業教育家。鹿児島に生まれた玉利喜造は、津田仙の学農社を経て、駒場農学校

の第一期生として卒業し、アメリカに留学、帰国後は母校の教授第一号となった。農学畑のエリートコースを歩んだ学卒人材である。農業教育では、エリートのための学理の教育だけでなく、実務家の養成が重要であるという彼の主張によって駒場農学校に、通称「駒場の実科」が設けられた。その後の彼は農業専門学校の校長として活躍することになる。一九〇二（明治三五）年創立の日本最初の盛岡高等農林学校、続いて第二号となる一九〇八（明治四一）年創立の鹿児島高等農林学校の初代校長として学校づくりとその経営に力を発揮した。盛岡では、「東北振興」を、鹿児島では、「南方発展」という政治的課題を背負っていたため、それらの教育には工夫をこらし、盛岡では獣医学科、鹿児島では養蚕学科を重視した。加えて、両校ともに実用倫理教育を重要視し、自ら授業を担当した。

玉利は、学理的農業より実利的農業を奨励した。彼の処女作は『農家速算』（一八八三年）であって、農業で利を生む方法を説明した。その序文には、「夫レ農業ヲ治ムルハ一ニ収益ニアリ」と記している。江戸末期の農書著作者の大蔵永常の広益国産論については先述したけれども、玉利は大蔵の業績を高く評価していた。アメリカ留学から帰国したのち、『米国改良種畜類』を刊行したが、これも農家に利益をもたらすことを目ざしていた。のちに盛岡で畜産振興を提唱するのは、このころの構想を実現する機会を得たことになる。

実利を重んじる玉利の農業教育論は、実践力の形成を目ざしていた。農業の実利主義論と実践主義論は一体化していた。彼はその教育に生涯をかけることになるが、教育そのもののもつ即効性や有効性についてはもどかしさを感じていた。時には、慨嘆の言葉さえ発している。「それは真にモドカシイ。中々容易にその効果が見えぬ」というのである（『農事奨励と其成績』全国農事会、一九〇二年）。いかにしたら、農業の実利性を向上させるために農業の学理とその教育を役立たせるべきかを、常に考え実践していた教育家であった。

②本多岩次郎―西ヶ原の高等蚕業教育家。西ヶ原とは、東京の、否日本の蚕業試験と蚕業教育の拠点となった地名であって、業界ではこの名で通用していた。概していえば、蚕業教育は業界の盛衰の激しさのため、農業教育の中でも最も難渋する世界であったが、本多はよくそれに耐えて独自な道を切り拓いた。

本多は、一八八八（明治二一）年に、当時東京山林学校と称していたころの駒場農学校を卒業し、農商務省に採用されて西ヶ原に勤務することになり、四二年間在職して、「西ヶ原の本多か、本多の西ヶ原か」と称される功労者となった。明治の早い時期から政府は日本の輸出品の首座を占める蚕業の振興に力を入れ、試験や講習を始めていて、一八八四（明治一七）年に農商務省農務局が東京の西ヶ原に設けた蚕病試験場は一八八七（明治二〇）年に蚕業試験場となり、一八九六（明治二九）年に蚕業講習所と改称して教育的役割を明確にした。一九一四（大正三）年に文部省所轄の東京高等蚕糸学校が設けられると、それまで講習所の試験研究主任をしていた本多が初代校長に就任し、一九三六（昭和一一）年死去するまで高等蚕糸教育一筋に生きた。

なお、文部省はこれより先一九一〇（明治四三）年には、養蚕県であった長野県に上田蚕糸専門学校を設けていたし、東京と同時に京都にも高等蚕糸学校を設けたため、三校体制となった。しかし、おくれたとはいえ、東京高等蚕糸学校が歴史と実績を誇る中心校であって、本多への期待は大きかった。蚕糸とは養蚕と製糸の謂であって、養蚕は限りなく農学に、製糸は限りなく工学に近い性格のものであって、その教育方針を立てにくい性格の学校であった。

なぜ文部省は三校もの高等蚕糸学校を設けたかについては、この時代の業界事情が関係している。明治の初期には蚕卵紙と生糸は輸出品の主役を占めていたが、日本の蚕卵紙に病気が発生しその人気が急落しはじめたため、この蚕病研究が喫緊の課題となった。生糸の輸出は好調を保ち、明治末年には世界第一の生産高を誇ったが、次第に木綿や人絹やレーヨンなどに押されて低迷状態に陥ったため、その回復もまた課題となった。日本の織物産業にとって蚕糸の研究と人材の育成の必要から学校教育に期待が寄せられたのである。

本多は、学卒人材であり、また校長就任前には欧米を視察していて外国の事情に通じていたこともあって、彼自身の教育論を有していた。その要点は、学理の重要性を認識していたけれども、その学理は実務の経営上、直接必要あり、直接利益ある学理の研究でなければならないし、そのためには業界の実情を知り、当業者の協力支援を得ることが肝要であると考えた。彼自身はそのための努力をしたけれども、世界的に見ればまだまだなすべきことが多いと考えていた。一九一六（大正五）年の蚕業講習所創立二十周年記念式の式辞の中では、「惟《おも》ふに本邦蚕糸業の既往に於ける進歩は頗る顕著なるものありと雖も、然れども之を現在に鑑み之を将来に察するときは改善発達の上に於て、将《は》た亦学術の研究普及の上に於て尚ほ未だ到らざる所、尚ほ未だ及ばざる所甚だ多し」と述べている（『東京農工大学百年史』一九七九年）。

本多の開始した教育の中で注目されるのは女子に門戸を開放したことである。西ヶ原では、一九〇二（明治三五）年から、製糸講習科に女子の入学を許し、高等蚕糸学校となってからは製糸教婦養成科（のち製糸教婦科と改称）を設けて、高等女学校または女子実業学校の卒業者を入学させ修業年限二か年の教育をした。のち修業年限を一年に短縮して就学を容易にしたが、上田と京都の二校もこれにならって製糸教婦科を設けて東京の修了者を教師に迎えた。通称「西ヶ原の教婦」は、皇室の養蚕行事に参加したという経歴もあって、威厳と誇りにみちていて、上田の町をさっそうと歩く彼女たちは一きわ目立つ存在であり「袴をはいた最初の職業婦人」であった（『製糸科ものがたり―信州大学繊維学部』二〇〇〇年）。

③出田新―地方の中等農業教育家。ここで例示する四人の教育家のうち三人は駒場系の人物であるが、もう一つの農業教育の拠点校である札幌からも注目したい教育家が出た。概していえば、札幌農学校の卒業生は、クラークをはじめとするアメリカ人教師の影響もあって、地方の中等学校の英語教師になる者が多くいたし、また「自修心」とか「独立独行」「不撓不屈」の精神教育を重視する傾向があった（『増補第三版札幌農学校』一九〇二年）。そのことを証明できる教育家の一人に出田新《いづた》がいる。

出田は、大分県に生まれ、兄と同じように札幌農学校に入学した。兄は、同校の第一期生であったが早逝したため、兄のあとをついで、一八九三（明治二六）年に第十一期生として卒業した。はじめは、中学校や師範学校で英語教師としてつとめたあと、大阪府立農学校、福井県立福井農林学校、山口県立農業学校の農業教師となった。大阪は教諭であって教頭の山崎延吉に農業教育の課題について学び、福井と山口では校長として自ら学校経営の責を果たした。彼は、中学校よりも農業学校が、社会的、行政的に下位に置かれている現状に憤慨した。校舎、施設設備、教員給料などを対等にせよ、と行政に訴えたけれども、この差別観は容易に解消するものではないことがわかった。

そこで出田の考えたことは、農業学校自体を内部から改革すべきだということであった。彼はこの考えから、三つの対策を講じた。第一は、農業学校の修業年限を一年延長して中学校と同じ水準にした。第二は、農業学校の普通学の水準を高めるために英語教育を重視した。そのために、彼は自分の英語力を生かして農業学校用の英語テキスト三件（第一・第二・第三読本）を編纂した。第三は、農業学校が低く見られるのは教員の教養や学力に原因があると考え、自ら研究活動に従事し、生徒や教員に模範を示した。

彼は札幌時代の恩師である宮部金吾の校閲を受けて『実用植物病理学』（一九〇一年）、『日本植物病理学』（一九〇三年)、『植物病理教科書』(一九〇六年)を刊行した。これは大阪時代であり、その後福井時代には『増訂日本植物病理学』(上、一九〇九年、下、一九一一年)を、また山口時代には『続日本植物病理学』を刊行した。一般的に見て札幌農学校の卒業生には研究熱心な校長が多く、鳥取高等農林学校長山田玄太郎や先述した岐阜高等農林学校長の草場栄喜などもその例であるが、出田の著作物はその中でも出色といえる。校長が学生の前で研究する姿を見せることは、リベラルな雰囲気を作り出すことに役立った。

④山崎延吉―安城を拠点にした農村教育家。金沢に生まれ、地元の第四高等学校から一八九七(明治三〇)年に駒場の農芸科学科を卒業し、福島県立蚕業学校に就職、程なく当時生徒のストライキなどで難治校と称された大阪府立農学校に転じて、教頭として生徒の信頼をかち得た。一九〇一(明治三四)年愛知県立農林学校長として一九年間在職し、日本を代表する農学校に育て上げた武勇伝的人物である。勤労主義と精神主義をモットーにし、僻処の荒蕪地に立ち、生徒とモッコをかついで校地を造成し、演習林を切り拓いた。独自な教育方針を立てて教育をおこない、特に修身教育を重視して、自らその授業を担当した。

やがて安城の地は日本のデンマークと称されるようになり、日本全国から参観者が訪れるようになった。彼は、自らを「我農生」と称し、「我は農に生まれ、我は農に生き、我は農を生かさん」というモットーを参観者に説き聞かせ感銘を与えた。

山崎の活動は全国的なものとなった。彼は後年、自ら編集に携わって『山崎延吉全集』全七巻を出版したが、その第三巻は「農村教育論」、第七巻は「農村更生論」と題したように、学校を越えた社会教育、農民教育へと転換した。彼は自己の教育論を三要論(家庭教育、学校教育、社会教育)と三行論(経済的教育、実際的教育、庶民的教育)に分け、農業を愛好する農民の育成に重点を移した。

昭和期になると、彼は皇道主義、国体主義の色あいを強くし、農村更生運動の精神的支柱となった。安城農林で彼の下僚として勤務した加藤完治が国民高等学校運動を展開するのも、山崎の影響を受けたからである。加藤は、山形県自治講習所から茨城県の内原青年訓練所や日本国民高等学校の所長、校長とし日本農本主義の教育をおこなった。長野県の上伊那農業学校で上農寮と称する農民道場を設けた村上明彦校長も安城農林での教職経験の持ち主であった。

第八章　商業教育論の形成

1　矢野二郎の商業教育論

日本の商業教育の創始には、特に三人の人物が貢献した。外交官から初代文部大臣になった森有礼、実業界から商業教育を支援し続けた渋沢栄一、森の構想を受け渋沢に支えられて商業学校の創立と経営に力を尽した矢野二郎の三人である。

幕臣の子に生まれた矢野二郎は、幕府派遣遣欧使節団に加えられ、西洋を知る機会を得た。維新後は、横浜に翻訳所を設け通弁翻訳を業としていたが、一八七二（明治五）年に森有礼に見出されて外交官としてアメリカに渡った。三年後、官を辞して帰国したとき、渋沢栄一に懇請され、その翌年に東京の商法講習所所長に就任した。それから一八九三（明治二六）年まで、一時府知事と衝突して辞任した時期はあったが、使命感に燃える性格から、横浜時代に蓄えた私財までも投じて一六年間学校経営に力を尽した。当初、森の私営として出発した商法講習所は、東京府、農商務省、文部省と、所轄者が転々とし途中廃校の危機に見舞われるという苦難の歴史を辿りつつも、矢野の辞職時には高等商業学校に成長した。日本の商業教育の最高学府となる東京商科大学（のちの一橋大学）の誕生である。

商業教育が必要であるということは、アメリカを知る矢野の確信となった。江戸期の日本には、井原西鶴のいう知恵才覚のある実力商人がいたが、西洋には学校があって、そこでは通商貿易の「法」が教えられていた。その法に従えば「益」が生まれると考えられていた。一八七九（明治一二）年に改正した「商法講習所規則」で矢野は、「国ノ殷富ヲ謀ラント欲セバ商ヲ盛ンニスルニ如クハナシ。商ヲ盛ンニセント欲セバ其法素ヨリ通暁セザルベカラズ」と記した（細谷新治『商業教育の曙』上巻、一九九〇年）

この商業の法を教える学校は、南北戦争後のアメリカで盛況を見せていた。当時のアメリカでは工業化が政治課題となっていて、それを成功させるためには工業と商業を一体に進めるべきだと考えられていた。これを見た外交官の森は、同僚の富田鉄之助と協議して日本にビジネス・スクールを設けることを企画し、一時帰国中にその実現に取りかかり、すでにアメリカで雇い入れの約束を交わしていたホイットニーを教師にすることにした。しかし、当時の政府は工と農とを重視していたため、この計画は受け入れられず、森の私設という形で一八七五（明治八）年に東京に商法講習所が開設された。

難産の末に生まれたこの講習所の経営を引き受けたのが矢野であったが、難題続きの学校となった。しかし、矢野には確固とした教育観があった。学問と実業を一致させるという実践的教育方針であって、英語、簿記、商用作文、商業実践などを重視した。実力ある商人を育てることが目的であったため、例えば卒業などは意に介さなかった。ちなみに、矢野が第一回卒業式を催したのは一八八九（明治二二）年、第二回はそれより三年後のことであった。欲しいという者には、簡単な書き付けを与え、小言を加えた。工業や農業の官立大学では、東京大学の先例にならって、試験の梯子段を設けて、それを昇りつめた者に卒業証書や学士号を与えるという学歴主義の方向に傾斜していたのに対して、矢野はあくまでも実地に生きる実力の形成を固守した。これに対して、学校内部からも「前垂主義」との批判が出て、学理を重視せよという主張が力を増してきて、矢野は遂に退職に追い込まれた。一橋の中の前垂派と書生派の対立はその後も二つの潮流として残り、最後は学理派の勝利となった。

矢野の伝記を書いた島田三郎は、矢野は「幽玄の理想に憧憬する学者にあらずして、活社会に活動する人物」と評した（『矢野二郎伝』一九一三年）。矢野の在職中も、退職後も、矢野を評価し支援したのは渋沢栄一であった。渋沢は、東京高等商業学校の最大のパトロンであって、日本商人の自動的進歩という彼の主張にとって、一橋は最も頼りになる学校であって、同校の卒業式ではしばしば講話をなした中で、決って矢野の功績をたたえた。一九三一（昭和六）年、同校は一橋から国立《くにたち》に移転したときには巨大な矢野の立像がが建てられ、その台座の題辞は渋沢が揮毫した。

矢野批判の急先鋒であった同校の実力教授福田徳三もまた矢野に敬意を表していた。「先生は主義の人であった。而して又主義に殉じた人である」と評した（『一橋会雑誌』第七五号、一九〇九年）。一橋が商科大学として大きく飛躍するためには乗り越えなければならなかったけれども、矢野の築いた堅固な基礎があってのことであった。明治四〇年代の初頭に、いわゆる申酉《しんゆう》事件が生じ、一橋は東京帝大と激しく対決した。一橋では、福田をはじめとするそれだけの実力教授を生み出していた。戦後のことではあるが、東京大学の大内兵衛の述懐の中には、「一橋のほうが経済学がずっとえらくて、プラクティカルな経済学であるという意味における評価は実業界ではやはり一橋でした」という（『東京大学経済学部五十年史』一九七六年）。このプラクティカルな学風の創始者は矢野である。

排斥されて辞職した関係もあって、矢野の直系の後継者の名前は挙げにくい。一橋の初期の卒業生は誰しも矢野の影響を受けているはずである。その中で、自ら第二の矢野を名乗る二人の重要人物がいる。一人は横浜商業学校長の美沢進と、もう一人は名古屋商業学校長の市邨芳樹である。この両人についてはのちに特色ある教育家として取り上げることにする。

2　水島鉄也の高等商業教育論

一八七五（明治八）年開所の東京の商法講習所に刺激されて、開港地神戸でも商法講習所開設の動きが出た。県知事を中心に地元の有力者たちは、福沢諭吉に支援を求めた。福沢は、東京の場合にも森有礼の求めに応じて趣意書を書いたが、神戸に対してはより直接的に三人の卒業生を教師として送り込んできて、一八七八（明治一一）年に開校の運びとなった。その後、東京と同じように農商務省や文部省からの交付金を得たが、官立になることなく、一八八六（明治一九）年に県立の商業学校に改組された。東京とのちがいである。

神戸の地に官立の高等商業学校が生まれるのは一九〇二（明治三五）年のことである。この第二の高商の設立については、神戸と大阪が激しい誘致合戦を展開し、議会では一票差で神戸に軍配があがった。敗れた大阪では、市立商業を昇格させて市立高商にし、その後は市立商科大学へとつなげた。神戸に商業大学が設けられるのは、それより一年後の一九二九（昭和四）年のことである。

神戸高等商業学校の初代校長には、東京高商を卒業して教授をつとめていた水島鉄也が発令された。水島は大分県中津に生まれ、父の職業が不安定でしかも早逝したため一家離散という苦労の青少年時代を送った。彼は姫路の叔父に引きとられて神戸商業講習所を卒業したのち、一橋に進学し、矢野に認められて一時一橋の教員をしていたが、すぐに実業界に出て大阪市藤田組や横浜正金銀行などで実務経験を積んだ。離散した家族を呼び寄せ、彼の出費で弟の中村徳三郎を東京高商を卒業させた。しかし、ニューヨーク在勤中に病気に罹って帰国していた折、母校の東京高商から教授就任を要請されて教育界の人となり、その後神戸高商では二二年間校長をつとめて、神戸高商の水島か、水島の神戸高商か、といわれるほど、同校の発展に寄与した。

東京、大阪、神戸の三商大では、一橋出身の三人の教育家がそれぞれの独自色を発揮した。東京商大では、佐野善作が教授、校長、学長となって、内部の学理派の論客と提携しながら、東京帝国大学に対峙する商科大学の地歩を固めたし、大阪商大では、一橋の教授から転じて市の助役、市長となった関一が、大阪を背景とした市民の学問の創造に意を注いだ。

神戸の水島はどうか。彼の最大の課題は、居留地貿易のもとで日本商人が軽く扱われていることに対して、商権と関税自主権を回復して日本商人が国際貿易で主体的に活躍できような条件を作ることである、と認識していた。神戸高商の開校式において、水島はその式辞の中で、「教育方針として品性の陶冶を主とするは勿論、授業上に就ては学理に偏せず実地活用的人物、特に神戸の土地柄及び世界の大勢に照らし海外通商貿易に従事する有為の商人を養成する」と述べた（『教育時論』第六六八号、一九〇三年）。

大学昇格に至るまでの水島の学校経営には多くの特色が見られる。その一は、他の高商より一年延長して修業年限を四年にしたことである。その二は、外国貿易に従事できる力量を身につけさせるために外国語の教育を重視したことである。その三は、入学試験に二部方式を採用し商業学校の卒業生の受け入れの便宜を図ったことである。彼自身の経歴からして中学校卒業生に限る必要のないことを自覚していたからである。その四は、学校内に生徒の出身地とか出身校を同じくする友団と称する組織を作り、親睦と協力の、あたかも家族のような雰囲気づくりをしたことである。その五は、他校に先がけて生徒が自主的に経営する消費組合を設けたことである。その六は、地域貢献のために夜学部を設けて昼間勤労する者に学習の機会を与えたことである。

神戸高商における水島の感化力は抜群であって、特に商業界で活躍する人材を輩出した。東京高商の実力教授福田徳三のごときは、「教育に携わる人多しと雖も、実に先生の如き感化の力の偉大なる人は空前絶後と云つて良いと思ひます」と、言葉を極めた（『如水会々報』第七四号、一九三〇年）。実業界で活躍する多くの人材の中には、出光興産の創業者出光佐三がいて、戦後になって水島の生誕百周年記念事業の推進者となった。出光は神戸高商の第三期卒業生である。

水島の最大の感化は、彼の後任者田崎慎治に遺憾なく発揮された。田崎は、一八九九（明治三二）年に東京高商を卒業したあとバーミンガム大学に学び、財政学、商業学の専門家であった。神戸高商より三年おくれて設立された長崎高等商業学校の教授をつとめていた一九〇八（明治四一）年に水島に求められて神戸高商に転じた。田崎は水島の股肱の下僚として水島の学校経営の手法を学んだ。一九二四（大正一三）年に、同校の商業研究所の研究会で、「商業学校の教授上に実際問題を用ふる価値」と題して講演し、水島の目ざした実際問題の応用という教育方針についての見解を表明した（『商業研究所講演集』第一六冊、一九二四年）。田崎によれば、商業学は経済学から生まれたものであるが、「商工業に関する実際問題の上から原理原則を帰納し、或は演繹して産み出す」ものであって、経済学が国家や社会から問題を取り扱うのに対して、商業学は各種の企業や事業など個人の立場から考える学問である、と解釈した（『創立二十周年記念講演及論文集』一九二六年）。

神戸高商の大学昇格が確定したとき、水島は学内学外から強い留任の声が出たけれども、初代学長を田崎に託した。一八年間親交を結び十分に信頼できる人物であると、涙して周囲を説得した。田崎は、一九四二（昭和一七）年まで学長職をつとめ、水島の忠実な継承者を自認しつつ、神戸商大を発展させた。

3　特色ある商業教育家

商業教育は、工業や農業とちがって、基礎となる学問の性格が不明確であったため、教育家の対応が多様であった。経済学は学としての性格が比較的明確であって早くから研究が進んだのに比べて、商業学は上記の田崎の解釈のように、個人に役立つプラクティカルな性格を帯びるがゆえに、教育家たちもその方向で個々に特色を発揮した。ここでも四人の教育家を例示してみる。

①美沢進―横浜の中等商業教育家。明治初年には福沢諭吉の門下生たちは、神戸、大阪、岡山などで商法講習所の教師となったが、その後慶応出身者は政界や財界へと移っていったのに、ひとり生涯を商業教育の世界に身を置いたのは、美沢進である。

美沢は、岡山県に生まれ、幼少のころ転倒して脳を打ち発育障害の子どもであり、一四歳になって近隣の興譲館に学び、親の反対を押し切って上京して英学を修め、慶応義塾を卒業したときは三〇歳になっていた。スマイルズのセルフ・ヘルプを信条としていたこともあって、生誕地の川上町では小学校の副読本をつくり、人の二倍も三倍も努力した美沢の生涯を語り続けている。

美沢は、福沢にすすめられて、一八八二（明治一五）年開校の市立横浜商業学校の校長となり、四一年間にわたり同校の経営に力を尽した。同校はY商の名で市民に親しまれる名門校となった。横浜駅で降りて車夫に「美沢校長」というだけで邸宅に運んでくれたというエピソードが伝えられている。

Y商での美沢の教育実践の特色は数多いが、特に次の三点に注目したい。その一は、知・徳・体の三者併立の教育をしたことである。彼は私費を投じて「美沢皆勤賞」を設けたし、また「優等賞」の制度では、修身・学科・衛生の三方面に一〇〇点ずつ、計三〇〇点をもって評価した。全人教育を目ざしたのである。その二は、実践重視に徹し、修身実践、衛生実践に加えて、学術面では商業実践を重んじ、三方の実践教育をした。その三は、完成教育のための工夫をしたことである。Y商の卒業者は上級学校への進学の必要のないように、予科二年、本科三年という修学年限の長期化により他の商業学校より高度化した。一九二〇（大正九）年の学則改正では、さらに予科二年、本科五年の七年制商業学校にして「別格高商」と称された。

この実績をもとに、美沢は、Y商を高等商業学校に昇格させることを期待していたが、文部省に認められなかったため、横浜市としては美沢の希望を入れて、Y商に隣接して市立の商業専門学校を設けた。Y商と、このY専は連帯感で結ばれ、「オールY校」と呼ばれ、開港地横浜の人材養成に寄与した。その元々の功績は美沢にあった。

②加藤彰廉―松山の高等商業教育家。市立の大阪高商と私立の松山高商の二校の校長をつとめたが、松山高商での功績のほうが大きい。一橋でもなく、慶応でもなく、東京帝国大学文学部卒業という学歴も異色である。

四国の松山に生まれた加藤は、大阪で英学修業ののち東京大学を卒業し、山口高等中学校教授、広島尋常中学校長を経て、東大時代の同級生平沼淑郎にさそわれ、平沼が校長をつとめる市立大阪商業学校の教頭になって、商業教育の世界に入った。平沼が市の助役に就任すると、加藤はそのあとを受けて校長となったが、同校が市立の高等商業に昇格して平沼がその初代の校長として返り咲いたので、加藤は教授となり、その後、中に一人置いて第三代の高商校長に就任して六年間在職した。その後、卒業生などに推されて衆議院議員となって政界に出た。ここまでの学校長としての加藤の業績に特筆することは少ない。

ところが、郷里の松山で四国大学構想が持ちあがり、加藤に帰郷の要望が高まってきた。愛媛県は、高等学校の誘致には成功したものの、四国に大学を設けるには、もう一校の官立学校があれば有利になるという思惑が手伝っていた。そこに松山出身で大阪で成功していた実業家の寄付金の申し出があったので加藤は議員を辞して松山に帰り、まずは北予中学校の校長として同校の再建をはかるとともに、それを基礎にして高等商業を誘致することにした。しかし、官立校が無理だとわかると、高千穂、大倉に続く第三の私立高商を設けることにして、一〇年半その校長として創業に寄与した。

加藤は、松山高商の教育方針として「三実主義」を掲げた。実用（useful）、忠実（faithful）、真実（truthful）を謳い、実用的才幹を備えた人材養成を目ざした。先輩私立校である高千穂高商は川田鉄弥の提唱する「品性」、大倉高商は大倉喜八郎の目ざす「商士」に対して、加藤の「三実」には独自性があった。加藤の没後のことであるが、第一一師団の某中将がこれに批判の言葉を発した。軍人は「軍人勅諭」で十分であるのに、「教育勅語」以外に教訓を示すことに疑義を呈したのである。このことは当時の学校長には教育勅語にこだわることのない自由裁量権が許されていたことの証拠となる。国公立校とても同然である。

松山高商には、東京の二校とはちがった難題があった。それは地理的に見て非常勤の講師陣を確保することが困難であったので、加藤は五名の教授要員を自家養成するため外国留学させた。彼らは三実主義を校是として同校の発展に寄与するとともに、家族的雰囲気の校風づくりをした。その留学生の一人田中忠雄は、第三代校長となって、「加藤先生の墓守」になると宣言した。

③渡辺龍聖―小樽と名古屋の高等商業教育家。越後国に生まれ、早稲田大学の前身校でがある東京専門学校を卒業後アメリカに留学してPh. D.を取得した哲学・倫理学の学究である。学歴も経歴も変化にとんでいて東京高等師範学校教授、東京音楽学校長などをつとめて、一九一〇（明治四三）年に当時留学中のベルリン大学から呼び戻されて小樽高等商業学校の校長に発令された。

アメリカのプラグマティズムの思想に傾倒していた渡辺は、小樽においてその実践に向けて諸種の考案をした。開校直前に雑誌記者に語った談話では、「本校は商業学の原理を研究する学者を養成するにあらずして、卒業後直ちに実務に当り何等不便を感ぜざる所謂実際家を教養せんとする方針なり」と語り、明確な信念をもって創業に臨んだ（『教育時論』第九三二号、一九一一年）。その後の彼の言では、他校にない同校の独得の学科として、商業実践、企業実践、商品実験の三科を挙げ、特に商品実験のためには、一橋出身の国松豊教授がアメリカ留学中にテーラーの科学的管理法を研究して得てきたことを参考にして、一九二〇（大正九）年に校内に石鹸工場を設けて、そこで生徒に仕入れ、製造、販売などの一連の業務を実践させた（小樽商科大学『緑丘五十年史』一九六一年）。渡辺はまた着任早々に教官と生徒が一体となって北方研究をするための産業調査会を設けた。

一九二一（大正一〇）年、渡辺は名古屋高等商業学校長に転じ、小樽高商での体験にさらに磨きをかけた。名古屋では、同校の独自科目として、商業実践、商品実験、商工心理、能率研究、産業研究の五科を挙げた。古賀行義の担当する商工心理は日本初のことであり注目を集めた。渡辺はまた、高商教育にさらに一年間上積みして商工経営科を設け、実業専門学校の卒業生を入学させ商工を連携させたより高度の専門教育をおこなった。

渡辺は一九二五（大正一四）年に「産業振興と教育の改革」と題する論説を発表していて、その中で、「自給自足主義の産業とこと変はり、世界的に有無交易の時代となつて見れば、単に教養ある国民と云ふ丈では国威を発揮することが出来ない。農・工・商各職業に充分なる理解と技能とを備へ、適材が適職に就き其能力を完全に発揮するにあらざれば、国利民福を増進することが出来なくなつたのである」と述べている（名古屋高等商業学校編刊『乾甫式辞集』一九二九年）。

渡辺には強力な協力者がいた。小樽時代に教授に招いた国松豊であって、渡辺の名古屋転任に際しても行動を共にした。国松は小樽での実践をさらに発展させることに寄与し、渡辺の校長退職後はそのあとをついで第二代校長となり、特に商工連携に功績を残した。国松は、戦後になっても愛知学院大学商学部長として活躍した。

④市邨芳樹―名古屋の中等女子商業教育家。広島県の尾道に生まれた市邨は、東京商法講習所卒業後、帰郷して商業学校を経営していたところ、矢野に見出されて市立名古屋商業学校に転じ、一八九七（明治三〇）年からその校長となって、次々と新考案の教育方針を打ち出した。特に「商士道の発揮」と「世界は我市場」の二つのスローガンは生徒を鼓舞し、同校に隆盛をもたらした。

市邨は、自らを「第二の矢野二郎」「矢野二郎の後身」と称し、他者もまたそれを認めていた。特に一橋との関係が密であったため、一橋の卒業生もまた彼を支援した。地元では折あるごとに彼の顕彰事業を催したが、渋沢栄一をはじめ一橋の関係者も参加した。渋沢の出席した一九一四（大正三）年の市立名古屋商業創立三〇周年の記念式で渋沢は、矢野とその愛弟子市邨をたたえたが、このとき「陽炎の商業教育」という名言を口にした。「今、市邨校長の式辞中に、商業教育のみは天降りでなくて陽炎のやうに下から発達したものである。天から降つた雨でなく地から生じた霧の如きものであると云はれたが、これは事実であります」と述べた（『渋沢栄一伝記資料』第四四巻）。

渋沢の出席した最大のイベントは、一九一八（大正七）年に市邨が校長退職に際して催された謝恩会であって、名古屋国技館に集った三千人の出席者を前に、矢野と市邨を並べて称賛した。この時渋沢を驚かせたのは、十万円という寄付金が集まったことである。それは前代未聞の巨額であって、市邨を慕う名古屋市民の教育愛に感激した。

市邨は、受けた寄付金を用いて、名古屋に二校の女子商業学校を設けるという大事業に乗り出した。このことは、商業教育に対する市邨の最大の功績となった。彼は「商士」が商業界で活躍するために、それを支える女性の役割が大きいと考えていた。

第一の名古屋女子商業学校は、一九〇六（明治三九）年に彼の頌徳式で受けた邸宅購入費七千五百円に私費を加えて、一九〇七（明治四〇）年に開校し、第二の学校は、一九二三（大正一二）年に上記の謝恩会の一〇万円をもとでに開校し、名古屋第二女子商業学校と称した。当初は各種学校として出発したが、前者は一年後に、後者は二年後に「商業学校規程」による正規の女子商業学校になった。これより先、東京では、嘉悦孝子が一九〇三（明治三六）年に日本女子商業学校を設けていたが、各種学校から商業学校になるのは一九三八（昭和一三）年のことであるため、市邨の二校は日本最初ということになる。彼は一九〇八（明治四一）年に男子商業学校の同窓会誌に一文を寄せ、「私は商業教育を広めるために此世に生れ来りたる者にて、多年男子に対し此教育の普及を図り居るも、元来此の商業教育は男子にのみ限る教育にはあらず。男子と同心協力してその一家を興し我が帝国を盛ならしむべき重大なる任務を有する女子にも亦最も適切なる教育である」と記した（『市邨学園七拾年史』一九七六年）。

市邨は、一九一九（大正八）年に一年半の欧米視察の旅に出たが、出発に際しての挨拶の中で、女子の商業学校は、外国にも例が少ないと述べた（同上）。彼はその先駆者であった。

第九章　学校外産業教育論

産業教育の世界では、一条校と非一条校の区別が問題になる。一条校とは、「学校教育法」の第一条で正規の学校とされたものである。本章では、それ以外の広義の教育訓練機関を学校外産業教育と称し、その果たしている役割を考えてみる。特に年季徒弟、企業内訓練、公共職業訓練の三種が重要である。

1　年季徒弟論

三種の中でも、最も歴史が古く、現在も存続を続けているのは、年季徒弟である。複雑な問題であって論ずべき点は多々あると思うし、筆者としては容易に切り込めないけれども、ここでは、簡明に次の四点を概述してみたい。その一は、江戸期の学校のない時代には重要な教育訓練の手段であったこと、その二は、近代学校が成立すると年季徒弟制は批判されて学校がその代替的役割を果たそうとしたこと、その三は、世界には未だにその伝統を守っている国があること、その四は、現代の日本でもそれの再評価がなされていることである。

まず第一の、江戸期の年季徒弟について見れば、先述したように職人の世界では年季徒弟奉公の間に親方の「こころ」と「わざ」を我がものにした。特に熟練を必要とする職種ではそのことは必須の手段であった。

記録の多く残っているのは、商家の年季徒弟である。特に商家家訓に細かな規定がある。これを商家の丁稚《でっち》奉公と称し、一般的にいえば、一〇歳のころ丁稚入りをして一〇年程度修業すれば手代となり、さらに一〇年程度勤めれば番頭となった。この二〇年間が一般商家の奉公期間で、この間に、「業務の一般、販売・接客・仕入の方法をまなび、金銀の鑑定・商品の鑑定・符牒をおそわり、かたわら人間としての修練をつんだ」のである（竹中靖一・川上雅『日本商業史』ミネルヴァ書房、一九六五年）。商家の丁稚奉公の起源は中世末期にあるといわれるが、その制度化が進むのは元禄期から享保期にかけて商家の店則が定められる時期である。

第二の、近代学校による代替について見るならば、一八八一（明治一四）年に設けられた東京職工学校と、一八九三（明治二六）年に法制化された徒弟学校に、文部省の方針が示された。まず職工学校の設置の趣意書では明確にそれまでの徒弟制度を批判している。「従来本邦職工修業ノ道ナキニ非ラズト雖モ、多ク老工ニ就テ其業ヲ修ムルノミニシテ、素ト是レ一定ノ規則ナキヲ以テ、其徒弟ハ妄《みだり》ニ諸般ノ雑事ニ使益シ専門ノ事業ヲ授クルコトナキヲ以テ、大抵七八年ノ久キヲ経テ僅ニ一手術ヲ窺ヒ知ルモ其要理ヲ推究スル能ハズ」と記している（『公文録文部省之部明治一四年』）。時の文部官僚九鬼隆一の「示諭」では、年季徒弟の方法は「不完不備ノ俗習」であるため、「本邦特有ノ工業ニ多少ノ弊害ヲ加ヘシコト」を認め、将来の職工には「其基本トナスベキ学理ト実験トヲ修メシムル」職工学校の意義を説いた（『文部卿代九鬼文部少輔口述扣《ひかえ》』一八八二年）。

東京職工学校の校長になった手島精一は、一方において同校が工業学校、高等工業学校となって日本の工業教育の本山になることに力を尽しつつ、他方において職工のレベルにまで下降することを目ざしていた。この手島の構想は、井上毅文政期の実業教育法制の一つである「徒弟学校規程」によって実現した。徒弟学校は、「職工タルニ必要ナル教科ヲ授クル所トス」とされた。ただし、この規程についての文部省の省令説明には、「或ル工業ノ種類ニ依リ職工ノ伴侶ニ入リ労働スル習慣ハ必シモ之ヲ学校ニ移スノ必要ナカルベク」と記されていて、業種によっては徒弟の必要性も認めていた。手島もまた徒弟方式そのものを否定したのではなく、徒弟学校の不備を補うには役立つ場合があると考えていた。その徒弟学校も一九二〇（大正一〇）年には工業学校に包含されて、法令上からは姿を消した。

第三の、外国の事例について見ると、その歴史は一一～一二世紀ごろの商人ギルドに起源をもつとされている。封建的余剰生産物が商品流通を呼び起こし、商業交易の要地に商業人の集落が形成され、中世都市へと発展した。そこでは商人ギルドができ、やがて集ってきた手工業者が加わって、商工業の利権を排他的に独占しつつ独自な共同体を形成した。ギルドでは、後継者養成のために、徒弟、職人、親方から構成される徒弟制度を生み出した。手工業ギルドが先にその制度化を進め、商人ギルドがそれに続いた。その後ギルドが徒弟を管理するようになり、年季徒弟制度が生まれた。親方は、徒弟に対して衣食を与え職業の訓練をすることが義務づけられ、徒弟はおよそ七年程度親方の家に住み、その命令に服従した。日本でも先述のように丁稚制度が生まれたが、家や同族団などの個人的支配が強く、公共化された制度にまで至らなかったのが西洋とのちがいである。

西洋でも、特にイギリスとドイツには、形を変えながら、徒弟（アプレンティス）の伝統が引き継がれている。イギリスでは、よき職人は学校の机の上からではなく工場の床から生まれるという伝統が生きていて、日本にエンジニア教育を創始したダイアーも、彼を支援した山尾庸三もグラスゴーの造船所でその経験を有していて、二人の意気投合の理由の一つになった。

広瀬信著『イギリス技術者養成史の研究』（風間書房、二〇一二年）によれば、イギリスでは「経験の価値」に対する自信があって、徒弟奉公や見修修業の期間が有効に機能していること、土木技術者協会のような専門職団体が実権を握っていて新規加入や資格付与などに関与していてそこで出す資格は社会的に認知されていること、出身階層の異なるエリートと非エリートという二つの階層の技術者が存在していて、そのうちのエリート層も一八歳ごろから多額の謝金を払って会員資格をもつ技術者のもとで三~五年間の見習修業をすること、会員資格は学生会員、準会員、会員の三種があって準会員が一人前のあかしになること、今日全日制の工業教育機関が充実するに伴って学卒人材にも特例を設けるようになったことなどが明らかにされた。近年非エリート層の徒弟制度は衰微しつつあるがサッチャー政権末期の一九九四年に現代徒弟（Modern Apprentice）の政策が提起され、ブレア政権やキャメロン政権では職業訓練の新しい手法として蘇らせた。この間の事情は、名古屋大学の横山悦生研究室の発行する『技術教育学の探求』（電子媒体）に、同学の田中宣秀教授によって詳細に報告されている（第一六号、二〇一七年、第一七号、二〇一八年）。フルタイムの教育を受けていない一八歳以上の若者に対する職業訓練の方法として生まれ変わった徒弟制度に期待が寄せられている。

ドイツでは、古くからの徒弟制度を学校教育と組み合わせることに成功している。その詳細は、寺田盛紀著『近代ドイツ職業教育制度史研究』（風間書房、一九九六年）と佐々木英一著『ドイツにおける職業教育・訓練の展開と構造』（同上、一九九七年）に記されている。興味あることは両書はともにある一点に注目していることである。前書のサブタイトルは、「デュアルシステムの社会史的・教育史的構造」、後書のそれは、「デュアルシステムの公共性の構造と問題性」となっていて、デュアル・システムをドイツの職業教育の注目点としている。ドイツでは、義務教育終了段階の青少年は企業に入り徒弟として修業を始めたのちも、週に何時間かは職業系学校に通い、主として普通教育を受け、この企業内訓練とパートタイムの学校教育の組み合わせをデュアルと称している。このデュアル・システムの恩恵を受けるのは、大学に進学しないおよそ半数の男子であって、そのことの政治性やイデオロギー性に対する批判も出ていて、いかにして公共性を保障するかが課題となっているという。

第四の、現代日本における再評価について見ると、学事行政の側からではなく、厚生労働省の労働政策の側から問題が提起されている。特にこの分野の理論的指導者である田中万年は、それまで発表してきた多数の著書や論説を集約する形で、長文の論説「徒弟制度再考―修業の意義と日本的教育観による忌避」（明治大学経営学研究所『経営論集』第六六巻一号、二〇一九年）において、徒弟制のもつ意義を再検討すべきことを主張した。氏によれば、日本における「徒弟」の規定は、一九一六（大正五）年の「工場法施行令」の中にあらわれ、「職業ニ必要ナル知識技能」と「品性ノ修養」を職工に具備させるための方策という条件が明記されたが、企業主の自由裁量であって義務というまでの強制力はなかった。その後一九三一（昭和六）年に半官半民の日本工業協会が結成され、「見習工」や「養成工」に対する諸種の検討と提言がなされたが、徒弟制度へ回帰することはなかった。第二次大戦後の「労働基準法」では、徒弟の弊害を排除するという方針が示された。このような歴史的経緯を辿って法制上は日本から消滅した徒弟という言葉と制度であるが、作業現場における修業の必要は決して失われるべきではない、というのが田中の主張である。氏は、戦後の産業教育の論客であってその提言には傾聴すべきものが多い。のちに言及したいと思う。

なお、ここで一言したいことがある。日本では年季徒弟の制度は消滅したけれども、徒弟奉公でしか伝えられない伝統的技能が存在するため、その制度はごく限られた世界ではあるにせよ実態としては命脈を保っているということである。「最後の法隆寺棟梁」と呼ばれた西岡常一とその弟子小川三夫との徒弟関係によって継承された宮大工の技能のごときはその例であって、この二人に聞きとりをした塩野米松によって『木のいのち木のこころ〈天・地・人〉』（新潮社、二〇〇五年）として刊行されている。西岡によれば、弟子を「教える」のでなく、「育てる」べきであって、そのためには徒弟制度の意義は失われないという。この書を評した横山悦生によれば、錦帯橋の全面的改築や室生寺の五重塔の復元など、その技法は映像化しデジタル化され得たとしても、それだけで一人一人の技能の継承は可能であろうかと疑問を呈している（『産業教育学研究』第三九巻一号、二〇〇九年）。

2　企業内教育論

日本の年季徒弟は、親方と弟子との間の親方主導の小さな人間関係であったが、近代産業が発達すると、企業と見習生というより広く大規模な関係となり、企業主導で企業に役立つ人材を育成するシステムが形成された。その代表として三菱とトヨタを例示してみる。

三菱は、岩崎弥太郎が創業し、一八七五（明治八）年に三菱商船学校を、一八七八（明治一一）年に三菱商業学校を設けたが、これは企業立学校に類するものである。同社が企業内教育に乗り出すのは、一八九〇（明治二三）年に長崎造船所において工場内に教育訓練のため見習職工制を設けたのが始まりで、年季徒弟を工場徒弟に転換させた。三菱造船はその後一八九九（明治三二）年になると熟練工養成を目的にした三菱工業予備学校を設けて企業内教育訓練の組織を整備した。

トヨタは、自動織機を発明した豊田佐吉が企業における人づくりを重視していたこともあって、早くから社内教育に力を入れた。その後自動車産業へと方向転換したのち、従業員の社内研修に力を入れ、各種の工夫をこらした。戦前にはトヨタ学園を設けて中等教育レベルの社内教育機関を設けたり、新入社員だけでなく社員一人ひとりの力量形成のために階層職階別の研修をおこなったりしてきた。後者の場合、課長、工長、組長、班長、一般社員という階層間で、二級上の者がリーダーとなり二級下の社員を育てるという独自なシステムである。

戦前において、特に大規模な企業においてそれぞれに独自な企業内教育をなした事例はほかにも多い。

そこで問うべきことがある。企業内教育とは何か、その形態にはどのような多様性が見られたか、そして何より重要なことは学校教育とのちがいは何か、現在の企業内教育はどのような課題をかかえているか、の四点である。

企業内教育の定義には諸説がある。常識的にいえば、企業のおこなう従業員対象の社内における教育訓練である。それは、企業のおこなう企業のための訓練であって、企業の成功や利益という企業目的を達成することに主眼がある。しかし、中には波多野鶴吉や武藤山治のような、従業員の人間的成長や幸福達成感を考える企業家もいたので営利目的だけとは言い切れないところもある。

そのため、企業内教育の形態は多様である。大きく見ると四つの類型に分けられるのではないかと思う。

その一は、ごく一般的な初任者研修である。新規採用者を対象にして、短期間の研修をさせ持ち場の仕事に慣れさせる方法である。多くの場合、職場の上司がその指導を担当することになる。仕事のこつや要領を学んだ新採者はすぐに仕事に従事する。もちろんその間の経費は事業者が負担する。

その二は、それよりも組織的な形態であって、企業の指名する訓練担当の役職者が、半年間とか一年間とかの一定期間、計画的な教育訓練をおこなうシステムであって、初任者よりもむしろ経験者を対象とすることが多い。企業側が選んだ優秀な社員を企業の幹部に育てることを目的としている。

その三は、企業内教育の一部を学校に委託する、一種のデュアル・システムである。戦前期から産業系の専門学校は夜間就学可能な生徒のために夜学部とか第二部とかを設けて学校開放策を講じていたことは前述のとおりである。この種の学校に企業の負担で企業内の従業員を派遣し中堅社員を育成する事例が見られた。この方式が最も盛況を見せたのは第二次大戦後の高度経済成長期である。急速な経済の好況に熟練労働者の供給が間に合わず、企業の中には非熟練の中学校卒業生を採用するところが増えた。いわゆる「金の卵」の時代であって、この少年工を熟練工にするためには工場内の実技訓練だけでは不十分であったため、企業の負担で定時制高等学校に通わせて、学力や人格の教育を学校に委ねた。日本の企業内教育が学校に代替とか補充を求め、定時制高校の最盛期を迎えたが、高校の全員入学の時代に入ると低迷状況に陥った。

その四は、企業内に企業立学校を設けて学校形態の教育をおこなうことである。社立学校とか工場学校とか呼ばれるもので、社内人材の本格的な教育訓練機関であって、前述のトヨタ学園のような事例は戦前から存在する。戦後になって、一九八五（昭和六〇）年に労働省が認可するようになった企業内職業訓練短期大学校は、一九九二（平成四）年には二〇校に達した。その形態は業種によってちがいはあるが、新規高卒者、生産現場の経験者、あるいはその両者を入学させて、総時間数三五〇〇時間以上をあて、知識・理論と実習を体系的に融合させている（『産業教育学研究』第二四巻一号、一九九四年）。その認定校の一つである松下電工工科短期大学校は、一九九〇（平成二）年創立であって、「ものをつくる前に人をつくる」という松下幸之助による同社創業以来の人材育成の基本方針を生かしているという（同上、第三七巻一号、二〇〇七年）。

ただし、企業内学校とはちがって、企業の設ける正規の学校がある。例えば、戦前期の一九〇七（明治四〇）年に三井家が福岡県大牟田市に設けた三井工業学校とか、戦後になってトヨタグループが一九八一（昭五六）年に開校した豊田工業大学のごときは、純然たる学校であって、前者は文部省の「工業学校規程」に、後者は文部省の定める「大学設置基準」に準拠しているので企業内教育とは区別する必要がある。

そこで問題となるのは、企業内教育と学校教育の関係であるが、これは次節の公共職業訓練も同様であるので、項を改めて考えることにする。

概していえば、日本で、企業と学校との距離はそれほど遠いものではない。従って今日求められている産学連携も、両者がその気になれば実現できる素地は十分に整っていると考える。当然、それぞれの特性と役割を十分に明確にしたうえでのことであるが、特に学校の側がその壁を突き破ることが必要である。

日本の企業内教育は、今日、大きな課題をかかえている。元工学院大学学長大橋秀雄によれば、「日本企業、特に大企業で組織的かつ長期的視野に立って行われる企業内教育は、日本的経営の強さの一つの要素として世界的に認知されてきた」という（日本学術協力財団『科学技術立国を支える人材育成』一九九四年）。しかし、この評価はそうであっても、日本の企業内教育には昔時とちがう難題が生じている。学卒者の一括採用制度、終身雇用制度、年功序列賃金制度など日本企業の特色が失われ、中途退職者の増加傾向が顕著になってきたため、企業としては階層的研修制度を廃止したり、研修期間を短縮したり、指名研修を取り止めたりするところが増えてきて、最終的には自己責任論とか自己啓発論へとつながりつつある。キャリア教育論などにその傾向は顕著である。企業だけでは、また学校だけでは解決できない新しい課題といえよう。

3　公共職業訓練論

戦前に比べると、現今の日本の学校教育は、職業教育への取り組みが弱い、と内外の研究者によって指摘されている中で、その現状を克服する企図は、文部省ではなくて労働省（今日の厚生労働省）の側から推進されるようになった。公共職業訓練がそれである。広い視野からすれば、すでに明治初年の、内務省による富岡製糸場の工女伝習や、農商務省による西ヶ原の蚕業講習とか、同省による農事講習とかも、これに類するものといえよう。あるいは、第二次大戦中の「国家総動員法」による国民勤労訓練や技能者養成もその中に加えられるかもしれない。

しかし、厳密な意味での公共職業訓練が始動するのは最近のことであって、一九五八（昭和三三）年に公布された「職業訓練法」が発端になった。同法の制定およびその後の改正については、静岡大学の山崎昌甫の論説が簡にして要を得ている（『産業教育学研究』第三一巻一号、二〇〇一年）。同法の目的規定は重要である。「労働者に対して、必要な技能を習得させ、及び向上させるために、職業訓練を行うことにより、工業その他産業に必要な技能労働者を養成し、もって職業の安定と労働者の地位の向上を図ると共に、経済及び社会の発展に寄与する」とうたっている。そのことは、中卒者を対象とする企業内教育に対して、労働省がより良質の訓練生の養成に乗り出したものと解される。さらにいえば、当時の新規学卒者を採用して企業内でおこなう初任者研修の慣行に公共性を持たせたものとして重要である。

その後、同法は改正が加えられ、その目的にも変更が見られた。一九六九（昭和四四）年の改正では、生涯職業訓練の理念が打ち出されたし、一九七八（昭和五三）年の改正では、高卒者の訓練への移行によって養成訓練の高度化や能力開発訓練の多様化が図られ、さらに一九八五（昭和六〇）年には、「職業訓練法」は「職業能力開発促進法」と名称変更された。

そこで問題となるのは、この法律の下で、実際にどのような施設が設けられ、そこでどのような実践がなされているかということである。暦年風に見るならば、「職業訓練法」制定の三年後には、中央職業訓練所・総合職業訓練所が開設されて、一九六五（昭和四〇）年には、これが職業訓練大学校と改称されるとともに、全都道府県に総合職業訓練所が設けられた。一九七五（昭和五〇）年には、「職業訓練法施行規則」の一部が改正され、特別高等訓練課程が新設されて職業能力開発短期大学校が設けられた。設置形態別に見ると厚労省の雇用促進事業団の管理する国立校と都道府県立のものがあり、一九九三（平成五）年現在、その短期大学校数は国立一六校、公立七校を数えた。短期大学校の中にはその後修学年限を四年制に延長して大学校に昇格するところも出た。これらの短大、四大の指導員を養成する必要が生じたため一九九九（平成一一）年には「職業能力開発促進法」の改正によって、職業能力開発総合大学校が発足した。この総合大学校では、「公共職業訓練その他の職業訓練の円滑な実施その他職業能力の開発及び向上の促進に資する」ため、「職業訓練指導員を養成し、又はその能力の向上に資するための訓練」をおこなうことを目的とすると定められた。

ただし、職業能力と称しつつも、その職業は工業に重点化している。福岡教育大学の永田万享は、二〇〇五（平成一七）年現在の公共職業訓練施設のうち、大学校一〇校と短期大学校一三校をポリテク・カレッジと称し、その専門課程と応用課程の入学年齢、修業年限、訓練課程などが多様であること、全体としては工業に傾斜していることを報告している。このほかに、全国に六六か所の職業能力開発センター（ポリテク・センター）があって、在職者だけでなく離転職者を含めて職業訓練をしているという（『産業教育学研究』第三五巻一号、二〇〇五年）。

公共職業訓練に対して筆者が特に注目したいのは、その実践だけでなく、その理論である。特に、職業能力開発総合大学校の名誉教授で日本産業教育学会の会長をつとめた田中万年の所説である。氏は、『働くための学習』（学文社、二〇〇七年）や『「職業教育」はなぜ根づかないのか』（明石書店、二〇一三年）など、多数の著書や論説を発表し、学会のオピニオン・リーダーとなった。氏の主張は多岐にわたるが、筆者なりに解釈すればポイントは二点ありそうである。

第一点は、education を教育と訳したことがそもそもの間違いであって、education の本来の意味は人間の職業的成長を含意しているにもかかわらず、教育という言葉は学校における「学力」の形成に重点が置かれるように矮小化されがちであるというのである。人間の職業的能力の開発のためには教育訓練と訳すほうがよりふさわしいという。

第二点は、戦後の日本教育の中核理念となった「教育を受ける権利」という考え方は、できるだけ長期間にわたり平等で均一的な教育を受ける権利と解されやすく、国民の個々人が自己の適性を生かして労働する人間に成長するための「学習」への権利が軽視されるという。

筆者は、田中氏の主張を大筋において支持する。教育学の世界から発想してきた筆者にとっては、労働界の世界から出た氏の主張は新鮮であり、ある意味では挑発的でさえある。ただし、教育という言葉を捨てるわけにはいかない。たとえ氏のいうように誤訳であっても、その意味の解釈は各自の自由であり、時代によって変化している。明治の初年、日本人は外国語の訳語に苦労したことは周知のとおりである。一例をあげてみよう。スマイルズの“*Self Help*”

を『西国立志編』の書名で訳出した中村正直は書中のindustryに「勉強」の訳語をあてた。勉強はその後学校における試験と組み合わされて試験勉強の意味に使われるようになったが、渋沢栄一は独自な理解をした。「勉強に就ては、間断なく、根気よく、撓まずにやると云ふことが必要である」(『龍門雑誌』第四七三号、一九二八年)として、彼自身生涯にわたって実業家としての勉強をした。

4 学校外教育と学校教育の関係論

学校教育と学校外教育とはちがう。常識的にいえば、所轄庁もちがい、目的もちがう。学校は、国立、公立、私立を問わず公教育と呼ばれ、「公共性」を最大の特色とする。すべての国民にその門戸は開かれていて、そこでは、校舎や施設設備が整えられ、公的な資格をもつ教員が、公的に定められたカリキュラムによって、生徒や学生に対して、知・徳・体の全面的人間教育をおこなうことを建て前としていて、万人共通の普遍性を有している。日本の近代化の過程においては、この学校の果たしてきた役割は、列国に並びなきほど著大であり、日本は学校王国となった。産業教育もまた学校が中核的役割を果たし、その中での実践や思想の中から、すでに戦前期において日本の産業教育論が形成されてきたことを本書で証明したつもりである。

ダイアーは、日本が産業国家として成長した第一要因は、国家的教育制度にあって、それは一九世紀後半における世界史の驚異であるとまで評価した。戦後になって日本の教育を研究したドーアは、日本の公教育は固い殻に包まれていたけれども、その周辺にはマシュマロのような教育的営為が存在していたことに注目した。この営為が、本書でいう学校外教育である。

産業教育を取り囲むマシュマロとして、本書は、年季徒弟、企業内教育、公共職業訓練の三つの教育的営為を取りあげてみた。そのほかにも各種の小さな営為は多い。今日ではこの三大営為のうち、年季徒弟は消滅に近いし、企業内教育は難題をかかえているし、ひとり公共職業訓練に大きな期待が寄せられている。年季徒弟は別にして、あとの二者について学校教育とのちがいを考えてみると、両者とも限りなく学校教育に接近していて、学校に近いところで学校を支えていることに気づく。

まず企業内教育についていえば、企業の利益という私事性が基本動機であるため、学校のもつ公共性とは遠い位置にある。しかし、企業の側では学校をあてにしていて、企業に役立ちそうな学校卒業の人材を一括採用して、企業に必要な資質を身にさせるための研修をさせればそれで企業人材を確保できる。学校に対しては、企業の負担をできるだけ軽減させるような教育を期待することになる。それでは不十分と考えれば、企業内に学校に類似した教育訓練の場を設けたり、さらに進めば企業内に社立学校を設けたりしている。また、学校に委託して企業で不可能な教育の一部を、定時制への通学や学校への派遣などで補完させるところまで進む場合もある。企業内教育といえども、学校教育とのつながりは深い。

公共職業訓練の場合は、公共性という点で学校教育と共通している。当初は、戦後の失業対策から始まった職業訓練ではあるが、その関係者たちの実践の中から、学校に近づきつつも学校とはちがった教育理念を創りあげてきた。法整備も進み、今日では、厚生労働省の管轄のもとで、短期大学校、大学校、総合大学校として、産業、特に工業分野において、大きな役割を果たしている。文部科学省所轄の一条校ではないが、大学校と称するからには形態としては一条校と類似している点が多い。なお、日本では戦前期から文部省所轄外の高等教育機関を「大学校」と称し、それぞれが実績を収めてきた。これについては、市川昭午のまとめた研究がある。

ただし、一九五八（昭和三三）年の「職業訓練法」では、職業訓練は「学校教育との重複を避け、かつ、これとの密接な関連の下に行われなければならない」と定められている。重複せずに関連させよ、と言うはやさしいが、当事者としては相当な工夫を必要とする。重複させまいとすれば学校とちがった内容や方法を工夫すれば何とかなるにしても密接な関連となれば、対手の学校の協力が欠かせない。文科省もそのことがわかっていて、一九六一（昭和三六）年には「学校教育法」の一部を改正して、高等学校の定時制や通信制の課程の生徒が、国の指定する技能教育施設で一定基準の技能教育を受けている場合にはそれを高校の教科の一部履修と認める「技能連携制度」を発足させた。これを受けて、例えば愛知県では、一九六七（昭和四二）年から県立工業高校定時制課程と県立公共職業訓練所の連携による「訓学連携制度」を発足させた。しかし、この興味深い連携方式を大学にまで拡張するにはまだ困難が多いようである。

「職業訓練法」が、一九八五（昭和六〇）年に「職業能力開発促進法」と改称されたとき、「教育訓練」という公用語が登場したことも注目すべきである。これを学校に引き寄せてみると、戦後の学校が、産業教育を軽視していることの反省になる。戦前期の日本の産業教育家にとって、学理と実地、学科と実習の関係は、最大の関心事の一つであって、それぞれに創意工夫をこらしてきた。戦後の学校教育でこの問題が軽く扱われていることに対して、職業訓練の側からの課題提起と受けとめるべきであろう。

学校の一種ではあるものの、正規の一条校ではないという意味での学校外教育が盛況を見せているという現実にも注目すべきである。各種学校がそれである。戦前期にもその数とその種類は多く、都道府県知事の認可によって容易に設立することが可能であった。第二次大戦後も存続していたが、一九七六（昭和五一）年の「学校教育法」の一部改正により専修学校と名を変え、その後高卒、修学期間二年以上で一定の条件をみたすものは専門学校と称することができるようになり、現在この専門学校が大学・短期大学に代わるものとして人気を集めている。この問題にくわしい東洋大学の倉内史郎によれば、「新しい学校の出現」「新しい高等教育の道」「新時代の職業教育への予兆」であると評価されている（『産業教育学研究』第三〇巻二号、二〇〇〇年）。

そこでの学習内容は、工業、商業実務、農業のほかに、医療、文化教養、衛生、教育・社会福祉、服飾・家庭の五科を加えた八科から成り、産業教育というより職業教育機関の性格が強い。ちなみに、一九九九（平成一一）年の生徒数を見ると、それまで一位の工業は医療に道をゆずり、商業実務は文化教養についで第四位となっている。農業は毎年最下位である（同上）。その後、文部科学省による「職業実践専門課程」の制定によるテコ入れもあって、二〇一五（平成二七）年の文科省の認定学科数は、工業四七九校、文化教養三八九校、商業実践三六八校、医療三五八校（以下略）となっていて、工業と商業はなお健在である（同上、第四六巻一号、二〇一六年）。この専門学校では、内部から一条校化の要望が高まっていること、多種の職業を包含していることなどから、学校外産業教育と見なすには難があるものの、学校の産業教育を輔翼する役割を果たしているといえよう。大学や短大に在籍する学生が、この専門学校に通うというういわゆるダブル・スクールの現象もこの輔翼の例証となる。

第一〇章　産業系人間育成論

1　産業人の知性と技術

日本における産業教育は、一八七三（明治六）年開校の工部大学校に端を発する。そこでは、グラスゴー大学出身のダイアーが、イギリスの実地重視の教育観と大陸に成立し始めていた学校形式の教育観とを組み合わせて、独創的で実験的なエンジニア教育を創出したことについては前述した。

ダイアーは日本での成功に気をよくし、グラスゴーに帰国したのち、彼がかつて見習修業時代に通ったことのあるアンダーソンズ・カレッジを母体にした新しいカレッジ計画を提唱した。保守的なイギリスのことゆえ、曲折はあったが、それが今日のストラスクライド大学の成立へとつながった。筆者が調査に訪問したとき、初期の建物の壁面に「Mente et Manu」と記されたアーム（紋章）を見つけた。頭と手が天秤棒で平衡を保っている絵図が添えられていて、これこそが、ダイアーが日本で実現しようとした教育理念であると感じた。頭と手、つまり知性と技術を調和させることは、工部大学校の教育実験の最大眼目であったからである。

筆者の恩師皇至道先生は、イギリス政府の招きで訪英し、この大学を訪れた折、大学の玄関の柱にこの二文字が刻まれていたのを見て、深く感動し、「知性をあらわす頭脳と技術を象徴する手との調和をこの大学の教育理念として掲げていたと思います」と述べた。一九六四年の広島大学卒業式における学長訓示の一節である（『教育学研究の軌跡』玉川大学出版部、一九八六年）。知と技は、教育学の世界では、教育の対象として最も重要な領域である。

まず、知について見れば、江戸期から読・書・算の基礎学力が重視され、寺子屋の普及などによって江戸期の民衆のリテラシーは世界のトップレベルにあったという研究もある。明治に入ると、小学校でその学力形成が目ざされた。いっぽう、帝国大学では、世界水準の高度の学力形成のために「学術の蘊奥《うんのう》」を極めることを公言した目的にした。小学校から帝国大学に至るまで学力至上主義の時代が築かれる中で、真の学力とは何かという疑問を抱く教育家があらわれた。特に大正新教育時代と称される一時期には国際的な新教育運動の影響を受けて、及川平治とか野口援太郎とか木下竹次といった教育家が新しい学力とその教育方法について工夫をこらした（橋本美保編著『大正新教育の受容史』東信堂、二〇一八年）。この流れは戦後まで続き、東井義雄や斎藤喜博などによって、村を育てる学力とか未来につながる学力などが提唱された。教育界では、学力論に関係する著作物の数は多い。

しかし、生産的人間の学力とは何かについては、医療や法曹の世界に比べると明確な限定や定義はできにくい。ダイアーは、工部大学校で、グラスゴー大学の専門学を参考にして八つの専門学を設け、それが帝国大学工科大学に引き継がれた。それより下位の学校では、それらの専門学を学んだ卒業生が教師になって、学習者の発達段階を配慮しつつ、より平易なカリキュラムを組み、分かりやすく指導することにより、中等、さらには初等の産業教育が成立する。その専門学は、工業と農業は大学で研究されたが、商業では学的体系化がおくれたため、産業分野でもばらつきが生じた。医学や法学は、その点において専門の学力が明確であり、しかも大学に入学した者だけに教えれば事足りたため、産業教育に比べれば、医学教育、法学教育は教育論の対象になりにくく、またその必要も少ないというちがいもそこから生まれる。

技術もまた教育学にとっては重要なテーマである。日本人は、古くは自修自得によってそれを身につけたが、近代の学校では小学校から手工が教科となり、広く技芸教育と称して重視されて、今日の技術教育へとつながってきた。科学技術教育のごときは大学や大学院段階の教育となってきた。道具から始まり、機械を経て、コンピューターの時代へと時は移り変わったが、技術的手法を用いて農・工・商の生産過程に従事する人間の姿は変わることはない。前出した一九五六（昭和三一）年に日本経営者団体連盟の出した「新時代の要請に対応する技術教育に関する意見」には諸種の提言が含まれているが、特に高校の工業教育と理工系大学の教育の改革が訴えられている。

今日では、大学だけでなく、中学校の技術・家庭科や高等学校の職業学科など、学校の広い分野で技術の教育がなされている。ちなみに、平成四年改訂の中学校学習指導要領には技術教育について次のような定義がなされている。問題は、文部省がこれだけの見識を示しながらも、それに見合う施策を講じていないことである。「技術分野の学習は、工夫・創造の喜びを体験する中で、勤労観や職業観、協調する態度などをあわせて醸成するものであり、それは、これからの社会で主体的に生きる力の育成を目ざして展開されるものである」と。筆者としてもこれ以上の定義は困難であるが、翻って今日の偏差値向上を目ざす学力中心の中学校と高等学校の教育の現状を思わざるを得ない。

教育にとっての難事は、この知と技とを連結させることである。ダイアーはまぎれもなくそのことに成功した。しかし、工部大学校が帝国大学に包摂されると学理を重視する方向に転換することを余儀なくされた。この事態に対して心ある教育家は学理を身につけた技術人を育成することにつとめ、ダイアーの遺産をより下位の学校の中に生かした。手島精一の東京高等工業学校での思索と実践はその代表例である。彼の言によれば、「学理を咀嚼して之を実地に応用し以て類化するの能力」が重要であるという（『機械工芸会誌』第三六号、一九〇三年）。彼は、校長就任直後の一八九二（明治二五）年の学生に対する告諭では、「顧フニ工業ノ事タル学理ヲ応用スルノ必要ナルハ固ヨリ弁ヲ俟ズ」「実修ヲ嫌悪スルノ傾キアルモノハ退学ヲ命ズ」とまで宣言している（『大日本教育会雑誌』第一一八号、一八九二年）。先述したように、彼はその考えを実現するために学校経営に工夫をこらした。この学理と実地の結合は、手島だけでなく、また工業分野だけでなく多くの産業教育家の目ざした目標であった。

近年になってダイアーのエンジニア教育が再評価されていることにも注目したい。それも学理重視に傾いたはずの東京大学工学部においてであることは意外というしかない。一九九六年にグラスゴーで、その翌年に東京で相呼応して「ダイアー・シンポジウム」が開かれたのである。メインテーマはストラスクライド大学は「グローバリゼーション」、東京大学は「エンジニア教育」となっていた。その推進役の中心人物である元東京大学総長吉川弘之は「技術知」という思想の提唱者であって、『技術知の位相』『技術知の本質』『技術知の射程』の三部作を監修して東京大学出版会から刊行している。その後、東京大学では、二〇〇〇（平成一二）年に中島尚正教授の編集による『工学は何を目ざすか—東京大学工学部は考える』と題する英文・和文の報告書を出版した。「二十一世紀の社会と環境に責任を持つ工学」と「技術革新に挑戦し、新たな産業と文明を拓く工学」の二部構成にし、それぞれに三項の見出しをつけている。後者の場合、最終の項は、「知と技を総合化して、工学の新たなパラダイムを構築する」となっている。ダイアーの原点に戻ったことになる。

2　産業人の精神と行動

　ダイアーは、日本の工業化の成功要因の一つとして、工部大学校に学ぶ青年たちの精神力を高く評価した。彼等の多くはかつてのサムライであった。当時の学生は、国家進化（national evolution）に向けての愛国心に燃えていた。ダイアーは、その精神力について、「精神力は実践力の親であり第一動因である（the spilitual is the parent and first cause of the practical）」という名言を日本青年に宛てた。あるいは、エンジニアは「真の革命家（real revolutionalist）」であるとまで言い切っている。

　工部大学校における卒業生たちの卒業論文が残っている。いずれも英文で書かれ、日本の工業化のための具体的課題を取り上げ、自ら実地に即した企画書や計画書としてまとめている。卒業生の中にはイギリスに留学してさらに研究を進めて、それを実践に生かした人物も十指に余る。高峰譲吉、辰野金吾、小花冬吉らのような、明治を代表する工業教育家もその中に含まれている。

　ダイアーの多くの弟子の中で、まず挙げたいのは、生涯にわたりダイアーに私淑して、ダイアーの愛弟子を自認した田辺朔郎である。琵琶湖疏水事業を企画し成功させた人物である。旧幕臣の子に生まれ波瀾の少年時代を過ごした田辺は、工部大学校に入学して疏水工事に関心を寄せ、琵琶湖と京都市の間の僅かな高低差を利用した大工事に着手した。勧業知事として有名な北垣国道らの支援もあって、困難な工事に成功し、京都に生活や工業用の水を供給するとともに発電所を設けて日本最初の市内電車を走らせることができた。京都府の建てた記功碑には、「嗚呼偉ナルカナ。今ヤ京都ノ殷盛ハ昔日ニ凌駕シ疏水ノ偉績ハ永ク万人ノ頼ル所タリ」と記されている。田辺は二度グラスゴーのダイアー宅を訪問し、最後は日本に招聘する計画をたてたが、第一次世界大戦が勃発したため実現するに至らなかった。田辺の書斎にはダイアー夫妻の写真が掲げられていたし、彼の記したどのノートにも、田辺がダイアーから贈られた言葉が記されていた。"It is not how much we did, but how well we did."と。なお、田辺は、京都帝国大学工科大学長など教育家としても名を残した。

前節において、ダイアーの教育思想は帝国大学よりも手島精一の高等工業学校に引き継がれたと述べた。手島については、これまで多くのことを述べてきたので、重複をさけてここでは大阪高等工業学校長伊藤新六郎を例示してみたい。伊藤は、「入学志願者心得」の中に、工業のリーダーとなろうとする若者に対して精神と行動の重要性を説いた。曰く。「若シ労働ヲ厭ヒ手工ヲ忌ミ身体ノ安逸ヲ計ラントスル者ノ如キハ本校生徒タルノ資格ナキモノトス。凡ソ技術者トナリテ職工ノ指揮監督者タラントスルモノハ、率先労働ニ従事シ自ラ模範トナルニアラズンバ、決シテ職工ヲシテ意ノ如ク労働セシムルコト能ハザルベシ」と（『大阪高等工業学校一覧』明治三五年度）。

この精神力と行動力は、戦前期の農業教育でも商業教育でも共通に重視された。農業分野では、例えば、岐阜高等農林学校長となった草場栄喜は、「自化自育」の教育を唱導した。一九一六（大正五）年に学生に対してなした訓示では、道徳生活の根本にある自律性に基礎を置き、自己の性能を開発し、自己の心底にある力を発揮するため、「自ら考へ」「自ら恃《たの》み」「自ら努る」ことによって自己実現せよ、と説いた（『岐阜大学農学部六十年史』一九八三年）。商業分野に目を転じると、渋沢栄一を抜きにしては語れない。渋沢は、自身が立志伝的人物であるだけに、「自修自営」とか「自立自営」とか「自主自立」とかの言葉を多用している。日本商人が政治に頼り、政治の「下僕」とか「嬖臣」

になるのではなく「自働的進歩」をせよと説く。例えば、一九〇九（明治四二）年の「訓言」では、「今や国家は自立自営の人士を要求すること急なり。学生たるもの、宜しく望みを一局部に属せずして、其学び得たる所のものを以て自主自立の計を為し、以て君父の恩に酬ふる所あるべきなり」と述べた（『龍門雑誌』第二五五号、一九〇九年）。

戦後になると、この精神力と行動力を包含した「創造力」という言葉がひんぱんに使われる。現状の職業上の知識や技術を身につけるだけではなく、変化の著しい産業社会に対応しつつ未来につながる柔軟な感性とそれを達成しようとする熱意が重要になるからである。企業の採用試験では種々の視点からこの創造力が試される。企業内教育でもそのための教育訓練がなされるようになった。一例を挙げてみると、松下電工の経営する工科短期大学では、四項の「教育目的」の中に、「自己革新に挑戦し続ける人材の育成」と「技術変化への適応力と問題解決力の向上」という注目すべき二項が含まれている（『産業教育学研究』第三七巻一号、二〇〇七年）。

企業内教育が、初任者に企業に必要な技能を訓練することから、自己革新という高度の理念を掲げることになった変化に注目したい。企業にとっての即戦力という、企業のための教育訓練に性急であったことを反省して、生涯学習の見地から人間の自己啓発、自己革新の支援を果たすべきだという認識は、ＯＥＣＤの提唱するリカレント教育と一脈通じるものがあり、この間の動向については山崎昌甫の論説が参考になる（同上、第三二巻一号、二〇〇一年）。

3　産業人の倫理と品性

ダイアーは、工部大学校の第一期卒業生が六年間の修学期間を終えたとき、「専門職業教育」と「非専門職業教育」

と題して二回の講演をした。それは六〇頁から成る冊子として、"*Education of Engineers*"と題し、工部大学校から公刊された。彼のエンジニア教育論には非専門職業教育論が含み入れられていて、その中では、多くの専門職業人に見られがちな「偏狭、偏見、激情から逃れる」ためには「善良で正義の人」になれと激励した。そのためには品性と教養が重要であるとした。工部大学校は修学期間に制約があったために専門職業教育に集中せざるを得なかったけれども、学生は余暇学習などにより、教養やスポーツにも心を向けよと説いた。

ダイアーの門下生には、ダイアーのこの教えを引き継いだ教育家が多い。前述のように直接の教え子である中原淳蔵はその代表的教育家であって、熊本高等工業学校の初代校長となったとき、学生を青年紳士として取り扱い、入学試験に写真提出を求めなかったことで有名である。中原が九州帝国大学工科大学長に転出したあと後任校長となった川口虎雄は、ダイアーにとっては孫弟子にあたるが、先輩の中原の教育方針を引き継いだ。川口は、その後広島高等工業学校の初代校長に就任し、一九二六（大正一五）年の校則改正では、「品性ノ備ハラザルモノハ進学セシメザル」という方針を打ち出した。「本校ニ於テハ工業界ノ現状ニ鑑ミ人物養成ニ最モ力ヲ致シ、智育体育共ニ訓育ノ主義方針ニ悖《もと》ラザランコトヲ期セリ」とした（『広島大学二十五周年包括校史』一九七七年）。

産業界において道徳の重要性を強調した人物として筆頭に挙げるべきは渋沢栄一である。彼はいう。「総じて商工業と云ふものは殖利生産的のものである。殖利生産的のものには他の学理研究などよりは、何うしても其物を殖したり其物に利益を増したいと云ふ上からして、悪くすると勢ひ不道徳に趨り易いものである。是は業体其のものの有つて居る一の病である」と（『龍門雑誌』第二七六号、一九一一年）。彼は業種そのもののもつ宿命を認めたうえで、それを超克すべきことを主張した。「道徳と経済とは両者共に進めて行くべきもので、生産殖利は仁義道徳に依つて発展し得られるもの、又仁義道徳は経済に依つて拡大するものである」「道徳と経済は合一すべきものであつて、決して分離すべきものではない」という（同上、第四一九号、一九二三年）。

経済道徳合一論とか義利合一論とかと称される渋沢の考え方は、王陽明が『論語』について解釈した「知行合一説」を論拠にしていて、渋沢自身は、『論語と算盤』とか『処生論語』とか、『論語講義』などの多数の著作物や論説で理論づけをなしている。渋沢は、生涯にわたって支援を続けた東京高等商業学校の教壇に立って論語の講義をしたことがある。同校の校長、同校の大学昇格後は学長をつとめた佐野善作は、渋沢を追悼する一文の中で、商業教育の歴史は世界的に見ても、啓蒙運動、整備運動、倫理化運動の三大運動によって成立するが、渋沢はそのいずれにも他の追従を許さない業績をあげたと謝意を表した（『如水会々報』「青淵先生追悼号」一九三一年）。

渋沢の倫理化運動は、ひとり商業教育の世界だけでなくして、工業の世界にも拡張していた。彼自身が多数の商工業の事業に関係していたこともあって、商業と工業は連帯していた。彼の言では、「紡績であれ、紙を漉く業であれ、煉瓦製造であれ、製鉄若くは鉄工事業であれ、総ての人の希望する所の物を機械に因て手易く拵へて其為に無数の人々が利益する、多数の利益を謀ると同時に已れも亦利益するではないか」という。「公益と私利は相戻《もと》らず」と題する講話の一節である（『龍門雑誌』第二六五号、一九一〇年）。「商工業者の志操」を強調するのである。

商工業だけでなくして、農業教育の分野でも倫理や品性の必要を説く教育家があらわれた。二人の人物を挙げてみよう。

一人は、一八七八（明治一一）年に広島県勧業課長となって農学校を設けた、学農社出身の十文字信介である。十文字は、一八八六（明治一九）年に郷里の宮城に帰郷して仙台区長兼宮城郡長に就任したとき、まさに県議会で廃校の決議がなされようとしていた宮城県農学校を救った。このとき地元新聞に載った彼の演説が残っている。農業に「実利」を生み出すためには農民の「交際」が必要であることを説いた実利交際論である。「実利を交際に期するとは何ぞ。曰く。互に研究経験を積べし、利の一なり。緩急互に相救ふべし、利の二なり。過失互に相責むべし、利の三なり。約して互に相守るべし、利の四なり。利を興し害を除く合して之を行ふべし、利の五なり。此他合同の利あること枚挙に遑あらず。皆実に交際上の利と云ふべし」という（『奥羽日々新聞』明治一九年一二月二六日）。その交際の利を確かなものにするには、五つの法があることもつけ加えている。農民に協力戮心の道徳を説くのである。広島県農学校は十文字が去ったあと廃校となったが、危機を免れた宮城県農学校は名門校として栄えた。

もう一人の人物は玉利喜造であって、もっと直接的に農業教育を指導した。彼は、駒場農学校の第一期生であり、母校の帝国大学農科大学の教授をつとめていたとき、文部省に求められ、第一号の盛岡高等農林学校と第二号の鹿児島高等農林学校の初代校長として学校の創立および経営に寄与した。両校において玉利は倫理教育に力を入れた。農事改良を進めるためには、まずは人物を育てることが先決であり、その人物は道徳的でなければならない、その道徳は実践的なものでなければならない、というのが彼の信念であった。彼は、盛岡高農の入学式において、「本校の精神は此徳義の修養を基礎として学業を奨励する」と訓示した（『農事雑報』第六二号、一九〇三年）。彼は、盛岡でも鹿児島でも、自ら修身倫理の授業を担当するとともに、全教官にも分担させる輪講方式を採用した。一九〇九（明治四二）年には盛岡高農での講義内容をまとめて『実用倫理』と題する著書を出版し、その自序で、「倫理は実践的ならざるべからず」と記した。

日本から、中国をはじめとして世界各国に輸出する品物に法外の値をつけたり、粗悪品を混入したりするため、批判を浴びる中で、日本の産業人の倫理向上は重大問題であった。その後、メイド・イン・ジャパンの人気は向上したとはいえ、医者に生命倫理が求められるように、産業人にも生産と通商の倫理は欠かせない。虚言や汚職は未だに跡を絶たないからである。

そこで一つの事例を挙げてみる。公益社団法人日本技術士会は二万人の国家資格をもつ会員から成る一大プロフェッション団体である。同会の「技術士プロフェッション宣言」では、プロフェッションの概念として、「教育と経験により培われた高度の専門知識及びその応用能力を持つ」「厳格な職業倫理を備える」「広い視野で公益を確保する」「職業資格を持ち、その職能を発揮できる専門職団体に所属する」の四項を挙げている。技術士だけでなく、いやしくも専門職と称すことのできる人に必須の要件が揃っている。同会で活躍する鈴川竜司は、広島大学工学部の非常勤講師として、「技術者倫理」の講義を担当していて、氏のご好意でその講義内容を拝見することができたが、ここまで深く広くこの問題を掘り下げていることに驚いた。氏は拙著によりダイアーを知り、共鳴するところが大であった、と聞き、私事にわたることながら嬉しさを覚えた。なお、氏によれば、日本技術士会だけでなく、電子情報通信学会、電気学会、応用物理学会、情報処理学会、日本機械学会、日本化学会、日本原子力学会なども同じような倫理綱領を定めているという。ちなみに、日本最初の工学系の専門学会は、ダイアーの呼びかけで工部大学校卒業生が中心になって、一八七九（明治一二）年に発会した工学会であった。

4　よき仕事人の条件

人間教育の最終目標は何か。諸説がある中で、筆者はいささか独断的であるとそしられることを覚悟のうえで、それは、「よき仕事人を育てる」ことだ、と答えたい。そこで、よき仕事人とはいかなる人間であるかが問われる。

筆者の考えでは、それは大別して五種に分かれると思う。①生産・流通、②医療・福祉、③公共・公務、④法曹・警備、⑤文化・芸術、の仕事人である。これらの仕事人は、いずれも人間社会を成り立たせるのに必要不可欠であるが、その中でも特に原初的で基盤的な仕事人は、①の生産・流通の仕事人である。コリン・クラークのいう、第一次から第三次までの産業に従事する仕事人である。本書では、その産業的仕事人を産業系人間と称し、その教育論を展開してきたつもりである。

日本人は、古い時代から産業系人間としての資質を習得するために、様々の機会と方法を活用してきた。特に近代になると学校を設けて、農・工・商の各分野において産業教育をおこなって、その人材育成に力を尽した。各分野には、それぞれ教育家があらわれ、思索と実践を重ねながら、日本固有の産業教育論を構築してきた。その先導者ヘンリー・ダイアーが称賛したように、日本産業の進化に果たした産業教育の成果は、世界のどの国よりも突出していた。筆者もまた、ダイアーと同じように、近代日本における学校教育としての産業教育の果たした役割を評価することにおいては、人後に落ちないつもりである。

産業系人間と称しても、その人間像は時代によって変化する。仕事人間に求められる仕事内容が変化するからである。さらに加えて、今日では一旦仕事についた者が人生のさ中にその仕事を変更する者も増えてきたため、仕事社会に生きる人間にどのような資質が必要かを固定することが困難になってきた。どのような変化や変更にも対応できるような柔軟な教育論を構築することが求められている。

基本的には、仕事の中で「生きる力」をもった主体的な人間を目ざすべきであろう。仕事そのものには、個人的にも社会的にも価値があることを十分に認識したうえで、自己の個性や適性や関心を発揮するという自主性の育成が重要であろう。家業を継承し発展させるとか、ベンチャー企業を起こすとか、選択の道は多様である。その多様さに自己を対応させる精神力、思考力、行動力をもった人間がよき仕事人である。大学などで深い研究をして運よくノーベル賞に辿りつくのも一つの仕事であり、町工場で工夫をこらして企業の求める部品を製造するのもまた一つの仕事である。結果として社会的な評価に大きなちがいが生じるのはしかたがないとしても、自分自身が仕事人として生き抜いたという自負さえあれば、その仕事人としての幸福度にはちがいはないはずである。

そこで問題となるのは、先述した近代日本に形をなした産業人の六つの資質論である。現状はどうであるか、それぞれの課題について筆者の感想を記してみる。

第一は、知性と技術の課題である。今日の学校教育では知育は重視されているが、それが技術と結びつかないのが問題ではないかと思う。知育と称してもそれが本当の知性の教育とはならずに、入試のための学力形成に傾いている。その典型的事例が大学入試センター試験であって、その改善が叫ばれつつも、採点の便利のため、三択と五択とかの出題がなされている。英・数・国・理・社の五教科、特に英・数・国の三教科の知識量の多い者が勝者となるため、学校や予備校ではその対策に血まなこになっている。どのような職種の仕事にも学力が必要なことは認めるにしても、それが知識の量によって評価されたのでは、本書の主題である産業人の知性にはなりにくい。

戦前の日本の産業教育家たちは、中等教育でも高等教育でも、学校において学理と実地を結合させることに知恵をしぼってきた。学理を身につけて実践的力量を発揮させるためにはどのような教育をしたらよいかに諸種の工夫をこらした。学理は実践の中で生かされてこそ真の学理であると信じていたからである。近年、東京大学工学部の心ある教授たちがエンジニア教育を再考する中でそのリーダーである吉川弘之が提示した「技術知」の思想は、この問題への新しい光明として評価すべきであろう。産業的人間に必要な学力とは何か、それを技術に生かすためにはどのような教育方法を必要としているかということは産業教育家にとって、古くて、かつ新しい、いわば永遠の課題である。

第二は、精神と行動の課題である。職業としての仕事の意義と使命を自覚することの少ない若者が何と多いことか。そのことは教養型の私立大学に勤務した経験を有する筆者の実感でもある。大学だけは出ておきたいという世の風潮に流されて、入学をしたものの、大学を出て何をやりたいか、そのためにどのような学問をしたり、どのような資格を取得したらよいかを真剣に考えることなく、就活期に入ると型どおりの服装でいくつもの企業を回り、運よく採用されたところに落ち着く。しかし、「三年目の危機」と称されるように入社直後の緊張感が薄れ、仕事そのものに嫌悪感を覚えて退社する。中途で自己の能力、適性、関心を自覚して転職する者はよいとしても、仕事そのものを放棄して引き籠ることは、当人にとっても、家族にとっても、社会にとっても損失である。やむなく非正規労働者になったとしても事情は変わらない。

二〇〇九年のＯＥＣＤの報告書によれば、日本の学校教育は職業世界への対応において世界の中でも著しくおくれているという。中学校や高等学校における進路指導は極めて不十分であり、特に高等学校のそれは在校中の成績や偏差値を基準にして進学先を決めることが主となっている。学校の教育は、その本来の意義からすれば、職業的な知識や技能の習得という「職業陶冶論」を含んでいるはずであるが、現実にはそれが軽視されているのが、戦後日本の教育状況である。自分はどんな仕事に向いているか、自分はどんな仕事につき、それをやり遂げたいか、というよき仕事人になるための精神力と、そのための学習をするという行動力を育てるような学校教育でなければならない。

第三は、倫理と品性の課題である。戦前の日本では、修養論や教養論が、教育界を動かしてきた。修養論は、一九〇六（明治三九）年に蓮沼門三という青年が同志を集めて人格修養の理想を掲げて結成した修養団の活動から出たもので、雑誌『向上』で全国に波及して盛時には二〇万人の団員と六〇万人の準団員を擁するまでになった。重要なことは、手島精一と渋沢栄一がその支援者となり、ことに手島は東京高等工業の生徒に入会をすすめ、そのために同校専属の寄宿舎を設けるまでに肩入れした。教養論は、旧制高等学校の生徒の中に浸透した。彼らは帝国大学進学の予備門としての三年間、自由な雰囲気の寮生活の中で青春を謳歌した。特に大正教養主義と称される時期には阿部次郎の『三太郎の日記』のような必読書まで生まれた。

戦後になると、旧制高校は新制大学の教養課程となり、戦前の教養主義にノスタルジアを覚える教授たちによって、教養の意義が強調された。人文、社会、自然の三分野について広い教養を身につけ、その基礎の上に専門の学問の柱を立てるという考え方であった。しかし、それでは専門が軽視されるし、教養の内実も不分明であるという反省が出て、大学教育の手直しが進んでいる。筆者の考えでは、教養に専門を積み上げる重ね餅にするのではなく、専門の仕事の中で品性や教養を磨く逆三角錐型の発想のほうが分かりやすいということは前述のとおりである。渋沢栄一研究の第一人者土屋喬雄の数えたところでは、渋沢は生涯五〇〇件の実業経済事業と六〇〇件の公共社会事業に関係した日本最大の、そして最高のよき仕事人であったが、彼は生涯にわたり彼のいう「勉強」を続けた。彼の口から出る言の葉はまさしく金言である。よき仕事人はよき教養人であり、皇至道のいうように教養は仕事の外皮として身につくものである、とつくづく思う。

5　産業系学校の改革課題

近代の日本では、政府も人民も学校に期待をかけた結果、学校が栄えた。その学校の中には、農・工・商の人づくりの学校も含まれていた。中等・高等の産業系学校が、日本の産業発達に大きな役割を果たしたということは、本書の一貫したテーゼである。比較教育史の上から見ても、学校がこれだけの成果を収めた国は少ないと思うからである。ところが、敗戦後の日本では、戦前の歴史的遺産が見失われて、産業系学校が低迷し、生産的人間の育成の力が弱体化したことを認めざるを得ない。そこでまずは、戦後の日本のこの分野の教育状況を概観してみることにする。問題となるのは、中等と高等の学校である。

まずは前期中等教育である中学校について見ると、一九四九（昭和二四）年の「学習指導要領」で職業及家庭科が設けられ、その後の改訂を経て今日の技術・家庭科となった。産業に関係する技術分野が設けられていて、普通教育における技術教育として僅かに命脈を保っているものの、前述のように、その時間数はわずかであって、軽く扱われている。この分野の研究者である田中喜美によれば、この教科は「質量両面で弱められ、教科の体を保つことさえ危うい」という（『産業教育学研究』第三一巻一号、二〇〇一年）。アメリカの事情にくわしい氏の所感である。

後期中等教育である高等学校になると、さらに問題は多い。戦前期の農・工・商の実業学校の盛況に比べると、産業系学校の凋落はおおうべくもない。敗戦直後のアメリカによって強制された総合制の政策のもとで、独立学校ではなくなった職業科は普通科と同居することによって、その独自色を失った。その後徐々に元に復して独立校となったものの、入学者の普通科優位の考えは変わらず、入学者の比率は年々低下し、すでに二〇%を割るに至った。工業や商業の独立校はまだしも、農業、水産、林産などの高校は、それ自体として存立することすら困難な状況に陥っている。産業系独立校の中核となる工業高校についてさえ、佐々木亨の戦後五〇年の回顧によれば、今や再構築の必要があると指摘されている（同上、第三〇巻二号、二〇〇〇年）。

文部省も対策を講じていて、高校に、普通、職業の二学科のほかに新しい第三の学科として総合学科を設け、そこでは「産業社会と人間」という魅力的な名称の教科を原則履修させることにした。しかし、それを担当できる力量のある教員不足もあって期待されたほどの成果にはつながっていない。これらのことは、産業教育学の研究者にとっても課題である。近年産業系高校から大学へ進学する者も増えてきたが、今の学力評価中心の大学入試ではいわゆる有名校への進学は困難を伴う。

もちろん、戦前期の実業学校も、中学校や高等女学校に比べると低位に見られがちであったが、、実業学校の経営者は、生徒に自信を持たせるための諸種の工夫をこらした。商業学校における実用英語力の育成はその一例である。実業専門学校の中には、中学校と実業学校からの進学希望者の入試を別にして、入学後に双方の学力の不足を補完させる工夫をしたところもある。

ここで付言しておきたいことがある。それは、高校教育の課題と対策は都道府県においてちがいが生じていることである。この面から注目すべきは愛知県の事例である。同県では工・商・農の産業系の高等学校数が多く、そこへの進学率は全国第一位である。今日、工と商の職業高校の卒業生数は全国一位、農は北海道に及ばないものの、全国二位である。しかも、愛知県の高校卒業生の地元定着率は全国第一位で他を圧している。高校卒業後入学できる国公私立大学も充実していて、その中には産業系の大学、学部、学科数が多い。愛知が産業立県として成功した理由の一つに産業系学校の果たした役割のあること、愛知県民が産業系学校を好感をもって選択していることについては、筆者は先述のような小著をものしている。

高等教育である大学および大学院の課題はさらに大きい。戦前には、官立の七つの帝国大学すべてに工学部があり、四つの帝国大学には農学部があり、東京と神戸には単科の官立商業大学があり、これを公・私の大学が輔翼していて、工・農・商の高等教育はバランスよく発達していた。特に、産業教育の中核をなす工業教育の分野では、戦時体制下で急増したこともあって、敗戦時には、私立校を加えると、大学工学部・工科大学は一三校、工業専門学校は官立二九校、公立一四校、私立一二校を数えた。

戦後になると、これらの多くは新制大学の工学部となった。国立大学では、教員養成や芸術系などの単科大学を除けばすべての大学に工学部が設けられた。現在でも国公私立大学の工学部では、学校数、学生数、特に修士課程の学生数は、他の学部に比べて圧倒的多数である。しかし、戦後に昇格した新制大学の工学部は、旧制のそれに比べれば、施設・設備や教授陣などに格差は残ったままであった。さらにいえば、手島精一を筆頭とするようなすぐれた学校経営者があらわれず、文部科学省の定める設置基準に準拠する画一化、平均化が進んだ。教養課程の重視もその一例である。

ただし、ここでも付言したいことがある。先に例示した愛知県の場合、名古屋大学では理工系のノーベル学者を輩出してその研究水準の高さを誇っているし、旧制の名古屋工業大学では、明治専門学校とともに独立した国立工業大学として、「ものづくり」「ひとづくり」「未来づくり」を校是とした独自な教育をなしている。長岡と並ぶ全国二校だけの豊橋技術科学大学は開かれた大学づくりに実績を収めているし、マスコミにも大きく取り上げられた豊田工業大学は、特色あるカリキュラムで企業と連携していて、大学評価ではトップテンにランクづけられている。私立大学では、ほかに六校（愛知工業大、名城大、大同大、中部大、南山大、中京大）に工学部が設けられている。愛知県には、商学部をもつ大学も五校を数える。日本の現下の産業系学校には、高等学校も大学も、地域差のあることを念頭に置く必要がある。

以上は、日本の産業系学校の現状とその課題について述べた。そこで、最後には、筆者としては、その課題解決のためにどのような方策を考えているかが問われるであろう。難問であるゆえに、説得力のある解答とはいえないかもしれないけれども、現在のところ次の四点の提言をもってこの場をしのがせて貰う。

第一点。産業教育の目的を明確に見定めることである。教育そのものは、時代によって、また、文明や社会や国家など各方面からの要請によって姿を変えてきたけれども、なおかつ変わらぬ論理がある。それは、人間を人間にすることである。人間として生きるためにはよき仕事人にすることも、その論理のコロラリーである。よき仕事人の仕事の種類は多様である。アフガニスタンで難民医療に取り組んできた中村哲医師が、一〇〇の診療所よりも飢えた民衆に食を与えることが先決であると考え、水路を開き砂漠を農地に変えたことは、何が根源的な仕事かを示唆している。衣・食・住の産業は、よき仕事人にとって第一に着目すべき仕事である。

第二点。近代の日本における産業系学校の果たした役割を再確認することである。西洋列強におくれて近代化に乗り出したにもかかわらず、世界の耳目を集めるまでに成功した日本では、初等、中等から高等に至るまでの各種の学校が整備され、よき仕事人の育成に有効に役立った。産業系の学校は、個々人の能力、適性、志望に応じて多様な学習機会を提供した。家庭の経済状況による制約はあったにせよ、各人はそれぞれの道を選んで、よき仕事人になって生涯を完うした。進学熱や出世熱にうかされて中学校に進学したものの、その先の道は細く狭かったため、不満の生涯を送った者の数のほうが多い。人間の幸福度は、地位の高さや資産の多さだけでははかりきれないものがある。戦後の教育権論では、できるだけ長期間にわたり平等の教育を受ける権利を保障することが目ざされたが、そうではなく学校は個々の学習者に個々の学習機会を保障し、その支援をなす方向に考えを改めるべきである。そのためには学校を多様化することが必要になる。学校からはみ出し、ニートやフリーターになる者の数を減らすことにもなる。

第三点。日本の産業系学校は、周辺にそれを補完する各種の教育機関に取り囲まれていることも特長である。前にそれをマシュマロと称した。戦前には、年季徒弟や企業内教育だけでなく、夜学校や通信教育や長短期の講習会などがあり、学校もエクステンション事業として学校教育を社会に開放した。戦後になると、公共職業訓練校や専修学校などの存在が大きい。学校がこの種の厚い層の星雲によって補完されることは産業教育にとっては重要なことであって、特に今日の日本では、統一学校の理念のもとで学校の定型化、硬直化が進んでいるため、一条校には入らない、これら学校外教育の果たす役割は大きい。労働者サイドの職業教育訓練から出た、田中万年の学校批判は傾聴に値する。また専修学校、その中でも特に専門学校は、全入時代を迎えた高等学校の卒業生にとって、よき仕事人となるための人気を集めている。専門学校の中には一条校への転換を希望する向きもあると聞くが、わざわざ型に入り込んで学校経営の特色を失う必要はないと思う。産業教育は、それらを含めて全体構造を形成してこそ価値と効力がある。

第四点。最後に筆者が常々不思議に感じていることであって、産業教育の研究者がなぜ大学を射程に入れないかということである。本書でくり返し述べてきたことであるが、この点は是非改めるべきではなかろうか。顧みると、日本の学校における産業教育は、工部大学校や駒場農学校や札幌農学校などにおける人材教育から緒についた。その後、中等の実業学校、高等の実業専門学校などが発達して産業の人づくりに大きく寄与した。学校における産業教育の総仕上げは高等教育によって果たされるということは常識になっていた。ところが戦後になって、「産業教育振興法」の学校の中には大学が含まれていたのに、産業教育の研究者も、産業系の大学・大学院の教育担当者も、そのことを忘れているのではないかと思われる。本来なら、産業系の学部にはこの分野の専門家がいて、学校経営や教育方法の舵取り役を果たして欲しい。現今、名古屋大学のような実績のある大学を除いて、そのような研究や人材養成をなしているところは少ない。産業界と教育界の架け橋となれるような教授がいて、産業教育の思想と実践の水準を一段と向上させたならば、日本の産業教育の未来はきっと明るいものになるのではなかろうか。

あとがき

顧みれば、私は仕事を進めるにあたり、実に多くの方々にお世話になった。特に資料探索に際しては、グラスゴー大学のアーカイブスをはじめ、国内国外の図書館などの関係者のご協力を受けたし、その他お礼を申し述べるべき方々のお名前を挙げはじめたらきりがない。ここでは、本書に限って、次のお三方に対して謝辞を申し上げる。

お一方は、名古屋大学の横山悦生教授であって、産業教育に関して日本の大学の最先端をいく同学で研究と院生指導をなさっている。今回私が特に感謝したいのは、多年探し求めていた日本産業教育学会の研究紀要のバックナンバーを、東海学園大学鳥田直哉教授を介して通読の機会を与えて下さったことである。

もうお一方は、元東京大学総長の吉川弘之先生であって、横断的・学際的な工学教育を提唱し、専門学の立場からのご指導をなさっている。広い視野から私の仕事に対しても激励を賜わり、この拙著に推薦のお言葉を頂いた。

最後のお一方は、風間書房の風間敬子社長である。同社は、学位論文のような学術書の刊行に力を貸し、特に若い学徒に学界への登龍の機会を与えておられる。私も同社に頼み出版を重ねて、八年前に品切既刊書の増補版を含めて全一三冊にまとめて産業教育史学研究として一括刊行して頂いた。今回それらのまとめの一冊を出すならお礼奉公の意味を込めて同社にお願いしたいという思いを叶えて下さった。同社の諸兄姉、特に斎藤宗親編集長には、今回もまた格段のお世話をおかけした。

参考文献

＊主要なもののみを掲げた。

公文資料

『公文録』（国立公文書館蔵）
『文部省簿書』（「設置・廃止に関する許認可文書」「学則・規則に関する許認可文書」、国立公文書館蔵）
『実業学校一覧』（大正六年度〜昭和一七年度、国立国会図書館蔵）
『外国人叙勲雑件』（外務省外交史料館蔵）

教育史――日本

『近代日本教育制度史料』全三五巻、講談社、一九五六〜五九年
佐野善作『日本商業教育五十年史』東京商科大学、一九二五年
千葉敬止『日本実業補習教育史』東洋図書、一九三四年
文部省『実業教育五十年史』一九三四年、同続編、一九三五年
全国農業学校長協会『日本農業教育史』農業図書刊行会、一九四一年
大久保利謙『日本の大学』創元社、一九四三年
文部省『産業教育七十年史』一九五六年
全国商業学校長協会『商業教育八十年史』一九六〇年
文部省『産業教育八十年史』一九六六年

隅谷三喜男『日本職業訓練発展史』上・下、日本労働協会、一九七〇～七一年
国立教育研究所『日本近代教育百年史』第九・一〇巻（産業教育）、教育研究振興会、一九七四年
豊田俊雄編『わが国産業化と実業教育』国際連合大学、一九八四年
望田幸男・広田照幸編『実業世界の教育社会史』昭和堂、二〇〇四年

教育史——西洋

田代直人『米国職業教育・職業指導政策の展開——中等教育改造期を中心として』風間書房、一九九五年
寺田盛紀『近代ドイツ職業教育制度史研究——デュアルシステムの社会史的・教育史的構造』風間書房、一九九六年
堀内達夫『フランス技術教育成立史の研究』多賀出版、一九九七年
佐々木英一『ドイツにおける職業教育・訓練の展開と構造——デュアルシステムの公共性の構造と問題性』風間書房、一九九七年
飯田史也『近代日本における仏語系専門学術人材の研究』風間書房、一九九八年
橋本美保『明治初期におけるアメリカ教育情報受容の研究』風間書房、一九九八年
広瀬信『イギリス技術者養成史の研究——技術者生成期から第2次世界大戦まで——』風間書房、二〇一二年
横尾恒隆『アメリカにおける公教育としての職業教育の成立』学文社、二〇一三年
京免徹雄『フランスの学校教育におけるキャリア教育の成立と展開』風間書房、二〇一五年

人物伝

『横井博士全集』全一〇巻、大日本農会、一九二四～二五年
『佐藤信淵家学全集』上・中・下、岩波書店、一九二七年

『山崎延吉全集』全七巻、同刊行会、一九三五〜三六年
『渋沢栄一伝記資料』本巻五八巻、別巻一〇巻、龍門社、一九三〇〜四〇年
島田三郎『矢野二郎伝』実業之日本社、一九一三年
『藪椿――市郁先生語集』名古屋女子商業学校・名古屋第二女子商業学校、一九二六年
『手島精一先生伝』手島工業教育資金団、一九二九年
梅田音五郎『ワグネル先生追懐集』故ワグネル博士記念事業会、一九三八年
『水島銕也先生伝』愛庵会、一九三九年
『石田梅岩全集』上・中・下、石門心学会・明倫社、一九五七年
大島正健『クラーク先生とその弟子達』宝文館、一九五八年
安達龍作『工業教育の慈父手島精一伝』化学工業技術同友会、一九六二年
『我農生山崎延吉伝』風媒社、一九六六年
土屋喬雄『渋沢栄一』吉川弘文館、一九八九年
『玉利喜造先生伝』玉利喜造先生伝記編纂事業会、一九七四年
北正巳『国際日本を拓いた人々』同文館、一九八四年
『大分県先哲叢書　大蔵永常』全四巻、大分県立先哲資料館、二〇〇〇年
豊田寛三ほか『大蔵永常』大分県教育委員会、二〇〇二年
森川潤『井上毅のドイツ化構想』雄松堂出版、二〇〇三年
加藤鉦士『お雇い教師ヘンリー・ダイアーを介した日本・スコットランド間の教育連鎖の研究』科学研究費補助金研究成果報告書、
二〇〇八年

関係書

草場栄喜『農村及農業の工業化』大日本図書、一九三〇年

宮本又次『近世商人意識の研究』有斐閣、一九四一年

土屋喬雄『明治前期経済史研究』日本評論社、一九四四年

細谷俊夫『技術教育――成立と課題』育英出版、一九四四年

竹中靖一『石門心学の経済思想』ミネルヴァ書房、一九六二年

石原孝一『日本技術教育史論』三一書房、一九六二年

竹中靖一・川上雅『日本商業史』ミネルヴァ書房、一九六五年

皇至道『日本教育制度の性格』玉川大学出版部、一九七〇年

尾高邦雄『職業の倫理』中央公論社、一九七〇年

本庄良邦『産業教育体制論研究』三和書房、一九七三年

遠藤元男『日本職人史の研究』全六巻、雄山閣、一九八五年

市川昭午『大学校の研究』玉川大学出版部、一九九三年

山本義隆『近代日本150年――科学技術総力戦体制の破綻』岩波書店、一九九五年

吉川弘之『テクノロジーと教育のゆくえ』岩波書店、二〇〇一年

神野直彦『人間回復の経済学』岩波書店、二〇〇二年

本田由紀『若者と仕事』東京大学出版会、二〇〇五年

中岡哲郎『日本近代技術の形成』朝日選書、二〇〇六年

熊沢誠『若者が働くとき』ミネルヴァ書房、二〇〇六年

寺田盛紀『日本の職業教育』晃洋書房、二〇〇九年
太田聰一『若年者就業の経済学』日本経済新聞出版社、二〇一〇年
橘木俊詔『日本の教育格差』岩波新書、二〇一〇年
日本産業教育学会『産業教育・職業教育学ハンドブック』大学教育出版、二〇一三年

拙著――三好信浩著

『日本工業教育成立史の研究』風間書房、一九七九年、増補版二〇一二年
『日本農業教育成立史の研究』風間書房、一九八二年、増補版二〇一二年
『明治のエンジニア教育――日本とイギリスのちがい』中公新書、一九八三年
『日本商業教育成立史の研究』風間書房、一九八五年、増補版二〇一二年
『日本教育の開国――外国教師と近代日本』福村出版、一九八六年
『商売往来の世界――日本型「商人」の原像をさぐる』NHKブックス、一九八七年
『ダイアーの日本』福村出版、一九八九年
『近代日本産業啓蒙書の研究――日本産業啓蒙史上巻』風間書房、一九九二年
『近代日本産業啓蒙家の研究――日本産業啓蒙史下巻』風間書房、一九九五年
『手島精一と日本工業教育発達史――産業教育人物史研究Ⅰ』風間書房、一九九九年
『横井時敬と日本農業教育発達史――産業教育人物史研究Ⅱ』風間書房、二〇〇〇年
『渋沢栄一と日本商業教育発達史――産業教育人物史研究Ⅲ』風間書房、二〇〇一年
『日本の女性と産業教育』東信堂、二〇〇〇年

『日本工業教育発達史の研究』風間書房、二〇〇五年
『日本農業教育発達史の研究』風間書房、二〇一二年
『日本商業教育発達史の研究』風間書房、二〇一二年
『日本女子産業教育史の研究』風間書房、二〇一二年
『産業教育地域実態史の研究』風間書房、二〇一二年
『納富介次郎――佐賀偉人伝10』佐賀城本丸歴史館、二〇一三年
『日本の産業教育――歴史からの展望』名古屋大学出版会、二〇一六年
『愛知の産業教育――産業立県の教育モデル』風媒社、二〇一八年
『現代に生きる大蔵永常――農書にみる実践哲学』農山漁村文化協会、二〇一八年
Henry Dyer : Pioneer of Engineering Education in Japan, Global Oriental, Kent, U.K., 2004
The Collected Writings of Henry Dyer, 5 Vols, Global Oriental & Edition Synape, Kent, U.K., 2006

雑誌

『産業教育学研究』『文部時報』『教育時論』『帝国教育』『産業と教育』『産業教育』『龍門雑誌』『工学会誌』『工業生活』『蔵前工業会誌』『農学会会報』『農業教育』『帝国農会報』『大日本農会報』『商業世界』『如水会々報』その他

人名索引

ア行

カ行

サ行

タ行

ナ行

ハ行

マ行

ヤ行

ワ行

著者紹介

三好信浩（みよし　のぶひろ）

1932 年　大分県日田市に生まれる

1961 年　広島大学大学院教育学研究科博士課程単位取得退学
（66 年教育学博士）
茨城大学助教授，大阪市立大学助教授，広島大学教授，
比治山大学学長などを経て

現　在　広島大学および比治山大学名誉教授

単　著　参考文献にあげた 24 件のほかに，『イギリス公教育の歴史的構造』『イギリス労働党公教育政策史』（以上 2 部作，亜紀書房），『教師教育の成立と発展』『日本師範教育史の構造』（以上 2 部作，東洋館出版社）ほか

産業教育学
――産業界と教育界の架け橋――

二〇二〇年六月三〇日　初版第一刷発行

著　者　三　好　信　浩
発行者　風　間　敬　子
発行所　株式会社　風　間　書　房
101-0051　東京都千代田区神田神保町一―三四
電　話　〇三―三二九一―五七二九
ＦＡＸ　〇三―三二九一―五七五七
振　替　〇〇一一〇―五―一八五三

印刷　藤　原　印　刷
製本　高地製本所

NDC 分類：370
ISBN978-4-7599-2333-9

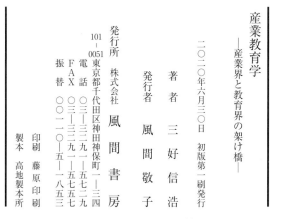

三好信浩著　産業教育史学研究（全13冊）

増補　日本工業教育成立史の研究
増補　日本農業教育成立史の研究
増補　日本商業教育成立史の研究
近代日本産業啓蒙書の研究　日本産業啓蒙史　上巻
近代日本産業啓蒙家の研究　日本産業啓蒙史　下巻
手島精一と日本工業教育発達史　産業教育人物史研究Ⅰ
横井時敬と日本農業教育発達史　産業教育人物史研究Ⅱ
渋沢栄一と日本商業教育発達史　産業教育人物史研究Ⅲ
日本工業教育発達史の研究
日本農業教育発達史の研究
日本商業教育発達史の研究
日本女子産業教育史の研究
産業教育地域実態史の研究

A5判上製箱入　平均586頁　各巻分売可

風間書房刊